U0115892

四技二專
統一入學測驗

游適宏　著

國文科試題研究：

2001-2005

自序

　　民國 85 年秋天，我頭一回做「大學入學考試中心」的「語文表達能力測驗」研究計畫助理，從此陸陸續續在這類研究案中見習，轉眼已將近九年。以學院教育的觀點來說，如此的修業年數也該暫時「畢業」了，因此這本不成熟的著作，就是我學習的小小里程碑。

　　民國 90 年畢業之後，我有幸到台灣科技大學服務，才略知技職校院的招生考試──「四技二專統一入學測驗」。民國 91 年，也就是高中國文教材「一綱多本」後首屆畢業生考大學的那年，考生、老師、家長、媒體等對「國文考科」究竟要如何回應「一綱多本」都給予高度的關注，我記得我還寫過「讀者投書」到《中國時報》，希望學校和補習班莫要過度惶恐而教遍諸家國文課本。就在此同時，我發現考生比「大學指定科目考試」多出十萬的「四技二專統一入學測驗」，卻幾乎無人聞問，高職國文教材「一綱多本」行之有年，怎麼從來就沒有人關心他們的入學測驗「國文考科」是如何回應「一綱多本」？一樣接受後期中等教育，絕對沒有高中生比高職生重要的道理，何況我還在技職大學任教，因此那時我就決定，要將過去在「大學入學考試中心」學到的東西，應用在「四技二專統一入學測驗」的研究上。

　　這本書從「前試不忘，後試之師」的立場出發，探討過去五年「四技二專統一入學測驗國文科」的試題。「四技二專統一

入學測驗」實施迄今雖然只有五年，但從「國文科」255個試題中已經可以歸納出測驗的趨向和重點，並檢驗出試題在難易度、鑑別度及選項設計的缺失，確實可以做為教師課堂教學及自編測驗的參考。

　　這項研究得以順利完成，最要感謝的是「技專校院入學測驗中心」研究發展處不吝提供相關統計資料；也要感謝當初領我入行的台灣大學中國文學系何寄澎教授與大學入學考試中心研究發展處管美蓉博士；還要感謝我碩、博士論文的指導教授簡宗梧老師，他是賦學權威，卻一直容許我不務正業；餘如台灣師範大學鄭圓鈴老師的建議、台灣科技大學人文學科同事們的鼓勵、以及諸位好朋友的陪伴，在此也一併致謝。

　　　　　　　　　　　　　　　　　游適宏
　　　　　　　　　　　　　　　2005 年 8 月於台灣科技大學

目　錄

第一章 緒論

第一節 研究動機

對於「高職生入技職校院」的考試，外界的關注總是明顯比「高中生入普通大學」來得低。但今（2005）年的「四技二專統一入學測驗」，由於部分地區豪雨積水，引起「全國教師會」對考場安排的不滿，連帶質疑了「四技二專統一入學測驗」的試題設計方向：

> 全教會高中職委員會主任委員黃耀南表示，⋯⋯從近年來各校系的最低錄取分數來看，去年便較前年提高五十分左右，加上今年考題程度偏易，預計今年各校最低錄取分數將再提高約二十分，⋯⋯。技測中心主任、雲林科技大學校長林聰明回應，⋯⋯，從近年來全體統測考生成績分析，現今高職生的程度已趨向兩極化，以去年為例，國、英、數三個共同科目，考生成績平均落在四十至五十分，因此不能說考題沒有鑑別度。⋯⋯。對於技測中心的回應，黃耀南並沒有具體表達是否滿意，他強調，凸顯四技二專統測問題，只是希望各界多加重視統測考生、技職學生的權益，不要忽略這群在體制內認真學習的孩子。[1]

---

[1] 參閱《中央日報》94 年 5 月 31 日〈文教報〉。

全教會的訴求重點之一，是籲請「各界多加重視統測考生、技
職學生的權益」。的確，近四年的「大學指定科目考試」報名人
數大抵維持在十二萬人左右[2]，而這五年的「四技二專統一入學
測驗」報名人數雖然大幅減少，卻仍高達十八萬人以上（參閱
表 1-1[3]），因此若論升學考試的規模，「高職生入技職校院」是
絕對超過「高中生入普通大學」的。

表 1-1　90 至 94 學年度四技二專統一入學測驗各類別或群組報考人數

類別或群組 ＼ 測驗年度	90	91	92	93	94
01 機械類	18,700	16,262	14,876	13,587	13,586
02 汽車類	5,598	5,245	4,527	4,384	4,122
03 電機類	12,947	11,617	9,107	8,050	6,402
04 電子類	25,745	23,493	20,548	15,618	15,568
05 化工類	3,364	3,167	3,892	3,394	3,098
06 衛生類	5,724	7,205	6,154	5,062	4,348
07 土木建築類	5,719	4,759	4,055	3,571	3,336
08 工業設計類	1,312	1,276	1,244	1,301	1,320
09 工程與管理類工程組	7,182	6,452	5,721	3,941	3,958
10 工程與管理類管理組	4,958	4,544	3,499	2,724	2,910

[2] 根據「大學入學考試中心」網站所公布的資料，「大學指定科目考試」91 年
　度的報考人數是 113,283 人，92 年度的報考人數是 125,670 人，93 年度的
　報考人數是 117,788 人，94 年度的報考人數是 116,727 人。
[3] 參閱網頁 http://www.tcte.edu.tw/four/maj_count_4y.php「技專校院入學測驗中
　心／四技二專考試資訊／歷年四技二專統一入學測驗各類別或群組報考人
　數統計」。

11 護理類	13,662	11,308	8,241	5,269	3,847
12 食品類	4,453	3,952	3,488	2,854	2,607
13 商業類	86,319	75,136	66,074	55,166	51,663
14 商業設計類	13,106	12,665	12,041	10,982	10,917
15 幼保類	10,727	11,454	11,014	9,832	8,469
16 美容類	4,480	3,999	3,255	3,444	3,709
17 家政類	3,838	2,967	1,812	1,320	1,191
18 農業類	2,830	2,572	2,287	2,207	2,247
19 語文類英文組	4,370	4,964	4,074	3,550	3,189
20 語文類日文組	1,530	1,636	1,007	764	844
21 餐旅類	*	10,092	12,533	14,127	15,891
22 海事類	1,012	1,018	443	447	417
23 水產類			461	363	409
51 電機電子群	*	*	5,582	6,717	7,540
52 商業語文群（一）	*	*	6,254	7,322	7,610
53 商業語文群（二）	*	*	1,432	1,479	1,424
54 商業語文群（三）	*	*	222	284	237
55 商業語文群（四）	*	*	382	415	566
56 家政美容群	*	*	744	926	1,166
合計	237,576	225,783	214,969	189,100	182,591

　　至於全教會另一個關切的重點——試題是否太簡單？有沒有鑑別度？這固然可以直覺判斷，但更有效的方法，就是執行試題分析的工作。

　　除非我們認為「技職教育」是「二流教育」，否則「四技二

專統一入學測驗」的品質良窳，其重要性絕不亞於「大學入學考試」。而近幾年來，也的確有些與測驗科目相關的學門願意投注心力，提出學位論文來探討這些試題，其中尤以「共同科目」的「英文」、「數學」最多：

> 陸蕙萍《四技二專聯招商業設計相關科系入學考試之研究——以 80-86 學年度日間部專業科目試題為例》[4]
>
> 陳筱菁《以布魯姆認知分類修正版為基礎之計算機概論試題分析》[5]
>
> 余怡《四技二專休閒餐旅相關科系入學考試之研究》[6]
>
> 廖明珠《高職學生及高職英文教師對四技二專英文科試題變革之看法》[7]
>
> 盧惠瑛《四技二專共同科英文考科綜合測驗與閱讀測驗之研究》[8]
>
> 楊明宗《數學試題分析模式的建制——以「九十學年度四技二專入學測驗」商業類「數學科」試題為例》[9]

---

[4] 陸蕙萍，《四技二專聯招商業設計相關科系入學考試之研究——以 80-86 學年度日間部專業科目試題為例》，雲林科技大學視覺傳達設計學研究所碩士論文，1998 年。

[5] 陳筱菁，《以布魯姆認知分類修正版為基礎之計算機概論試題分析》，台灣師範大學資訊教育研究所碩士論文，2004 年。

[6] 余怡，《四技二專休閒餐旅相關科系入學考試之研究》，朝陽科技大學休閒事業管理系碩士論文，2002 年。

[7] 廖明珠，《高職學生及高職英文教師對四技二專英文科試題變革之看法》，台灣師範大學英語研究所碩士論文，2002 年。

[8] 盧惠瑛，《四技二專共同科英文考科綜合測驗與閱讀測驗之研究》，雲林科技大學應用外語系碩士論文，2003 年。

[9] 楊明宗，《數學試題分析模式的建制——以「九十學年度四技二專入學測驗」

　　顧介梅《數學科試題檢核分析法之研究——以九十學年度四技二專工業類數學科試題為例》[10]

　　張廷仰《試題反應理論數量分析程序之研究——以「九十學年度四技二專統一入學測驗」護理類數學科為例》[11]

　　方慧君《知識結構診斷分析——以四技二專入學考試數學科為例》[12]

但同屬「共同科目」的「國文科」，則付之闕如。事實上，在台灣的中文學門裡，由於受到學術訓練傳統的範限，「入學測驗國文試題」是很難被考慮的研究對象。相對於英文學門，其研究生選擇「入學測驗英文科試題」寫成學位論文者，已經可找到好幾本，除上述廖明珠《高職學生及高職英文教師對四技二專英文科試題變革之看法》、盧惠瑛《四技二專共同科英文考科綜合測驗與閱讀測驗之研究》之外，尚有周正一《大學聯考英文科翻譯試題之研究：1979~1994》、盧珍予《台灣學科能力英文閱讀測驗之評析及其教學啟示》、王慧娟《台灣大學生英語文化能力測驗發展之研究》、游惠玲《國中基本學力測驗英語科試題分析》、黃詩琦《國中基本學力測驗對英語教學的影響》

商業類「數學科」試題為例》，台中師範學院教育測驗統計研究所碩士論文，2002年。

[10] 顧介梅，《數學科試題檢核分析法之研究——以九十學年度四技二專工業類數學科試題為例》，台中師範學院數學教育學系碩士論文，2002年。

[11] 張廷仰，《試題反應理論數量分析程序之研究——以「九十學年度四技二專統一入學測驗」護理類數學科為例》，台中師範學院教育測驗統計研究所碩士論文，2002年。

[12] 方慧君，《知識結構診斷分析——以四技二專入學考試數學科為例》，雲林科技大學資訊管理系碩士論文，2003年。

等[13]，但以「入學測驗國文試題」為討論對象者，卻是寥寥可數，僅有李宜勳《「高職免試登記入學方案」國文科「新式題型」與「傳統題型」之比較》和黃韻如《臺海兩岸大學入學考試國文科作文試題之比較研究》，且這兩本論文都來自教育學門[14]。

　　試題分析工作並非全然是「測驗專家」的職責，「學科專家」的參與也相當重要。測驗專家是可以告訴我們試題出了什麼狀況，但「為何如此」和「如何修改」的問題，還是得由學科專家處理：

> 題目指標的數值呈現題目的性質，告訴我們題目的性質是什麼（what），但是為什麼（why）導致題目性質如此，則是學科專家和教師回到教學本身，包括教材、教學過程才能了解。因此做題目分析時，心理計量與學科內容兩方面的考量是缺一不可的。[15]

---

[13] 周正一《大學聯考英文科翻譯試題之研究：1979~1994》，輔仁大學翻譯學研究所碩士論文，1996 年；盧珍予《台灣學科能力英文閱讀測驗之評析及其教學啟示》，政治大學英語教學碩士在職專班碩士論文，2002 年；王慧娟《台灣大學生英語文化能力測驗發展之研究》，雲林科技大學應用外語系碩士論文，2003 年；游惠玲《國中基本學力測驗英語科試題分析》，雲林科技大學應用外語系碩士論文，2004 年；黃詩琦《國中基本學力測驗對英語教學的影響》，雲林科技大學應用外語系碩士論文，2004 年。

[14] 李宜勳《「高職免試登記入學方案」國文科「新式題型」與「傳統題型」之比較》，台中師範學院教育測驗統計研究所碩士論文，2001 年；黃韻如《臺海兩岸大學入學考試國文科作文試題之比較研究》，暨南國際大學比較教育學系碩士論文，2005 年。

[15] 王文中、呂金燮、吳毓瑩、張郁雯、張淑慧，《教育測驗與評量：教室學習觀點》（台北：五南圖書公司，2005 年），頁 376。

或許有鑑於此，《國文天地》雜誌自民國 87（1998）年以來便一直闢設討論空間，供「國文老師」提出對「入學測驗國文試題」的見解。該雜誌過去只是零星刊載試題評論，如第 11 卷 6 期（民國 84 年 11 月）的陳慧英〈近六年來日大國文試題評析〉、第 12 卷 11 期（民國 86 年 4 月）的陳滿銘〈國文科測驗題命題的一般原則——以大學考試為例〉；至第 14 卷 4 期（民國 87 年 9 月），首度推出「看招——八十七年大學及高中聯招國文科試題會診」專輯，刊載 6 篇系列文章[16]，此後便一直是《國文天地》的經營項目之一[17]。2004 年，該公司將五年來的相關論評彙集成冊，即陳滿銘主編之《大學入學考試國文科試題分析——87~91》[18]。

　　不過，在這些由中文領域的「學科專家」所執筆的試題評析中，關切「技專校院入學測驗國文試題」者仍是少數。例如在「國家圖書館」網站的「中文期刊篇目索引影像系統」，輸入「國文科試題」同時檢索「篇名」與「關鍵詞」，42 筆資料中有 20 筆是討論「高中聯招／國中基本學力測驗」試題，15 筆是討

---

[16] 包括陳滿銘〈今年大學聯招國文科試題試析〉、陳慧英〈淺論今年大學聯考國文科試題〉、陳惠齡〈請端出一盤看得見「牛肉」的佳餚——談大學聯招國文科試題的淺俗化〉、林繼生〈顛覆與傳統之間——八十七年度大學聯考國文試題分析〉、林繼生〈理想與現實之間——台北區高中聯招國文科試題分析〉、曾士良〈台灣省高中聯招國文科試題分析〉。

[17] 例如《國文天地》15 卷 3 期（民國 88 年 8 月號），推出「新命題風格——八十八年大學、二技、高中聯招試題分析」專輯；第 15 卷 11 期（民國 89 年 4 月號），推出「八十九學年度國文科學科能力測驗探討」專輯；第 16 卷 3 期（民國 89 年 8 月號），推出「八十九學年度大學聯招國文科試題分析」專輯等。

[18] 陳滿銘主編，《大學入學考試國文科試題分析——87~91》（台北：萬卷樓圖書公司，2003 年）。

論「升普通大學」試題，只有 5 筆是討論「升技專校院」試題[19]；
若改輸入「國文試題」再以相同方式檢索，23 筆資料中又有 15
筆是討論「升普通大學」試題，僅 2 筆是討論「升技專校院」
試題[20]。這樣懸殊的差距，並非表示「大學入學考試」的國文試
題比「技專校院入學考試」的國文試題更具有研究價值，它只
是這個社會「輕視技職教育」的心態反映。事實上，高中與高
職的語文教育是同樣重要，當我們習慣用放大鏡檢驗「高中升
普通大學」的國文科試題品質，是不是也該同時關心「高職升
技專校院」的國文科試題，是否真如外界所質疑的「偏易、沒
有鑑別度」？

第二節　研究目的

　　由於將「入學考試國文測驗」做為研究專題，在台灣的中
文學門裡仍是新的嘗試，且在國內各種大型入學測驗中，「升技
專校院」的國文科試題最是乏人問津，因此本書擬針對「四技

---

[19] 分別是：游適宏，〈九十一年四技二專統一入學測驗國文科試題評析〉，《國
文天地》第 18 卷 6 期（2002 年 11 月）；張素靜，〈九十二學年度四技二專
統一入學測驗國文科試題評析〉，《國文天地》第 19 卷 1 期（2003 年 6 月）；
游適宏，〈技專統測語文表達能力測驗淺析〉，《國文天地》第 19 卷 1 期（2003
年 6 月）；鄭圓鈴，〈二技統一入學測驗國文科試題分析〉，《國文天地》第
19 卷 1 期（2003 年 6 月）；游適宏，〈九十三年四技二專統一入學測驗國文
科試題評析〉，《國文天地》第 20 卷 3 期（2004 年 8 月）。

[20] 陳美蘭，〈從二技入學測驗國文考科的試題變革談專科國文教學的調整〉，
《國文天地》第 19 卷 1 期（2003 年 6 月）；李新霖，〈九十二年四技二專統
測國文試題特色說明〉，《國文天地》第 19 卷 1 期（2003 年 6 月）。

二專統一入學測驗」的國文科試題，進行「試後」的檢討研究。
從「考試控制」可分為「測前控制」、「測中控制」、「測後控制」
三階段來看[21]，國內第一本專門探討「四技二專統一入學測驗國
文科」的著作——鄭圓鈴《高職國語文標準化成就測驗的編製》
[22]，係屬於「測前控制」，本書則可歸為「測後控制」。

　　探討試題品質優劣的「試題分析」（item analysis），可以從
「品質分析」（qualitative analysis）與「量化分析」（quantitative
analysis）兩方面著手。所謂「品質分析」，「係就試題的內容和
形式，從取材的適切性與編擬試題的技術方面加以評鑑」[23]，「包
括內容效度的評鑑與有效命題的評鑑」[24]；至於「量化分析」，
則「是採用統計方法來分析題目的品質」[25]，「主要在分析每個
試題所具備的三大統計特徵，即難度（difficulty）、鑑別度
（discrimination）、和誘答力（distraction）」[26]。

　　「試題分析」的功能，綜合郭生玉、余民寧、陳英豪、吳

---

[21] 廖平勝《考試學原理》於第八章專論〈考試控制〉，「考試控制是促使考試
　　活動預期實現既定目的的一種考試管理藝術」。該章第三節〈考試實施控
　　制〉，將考試控制分為「測前控制」、「測中控制」、「測後控制」，其中「測
　　後控制應以評分誤差、考試質量、考試信息資源的監控為重點」。參閱廖平
　　勝，《考試學原理》（武昌：華中師範大學出版社，2002 年），頁 297-308。

[22] 鄭圓鈴，《高職國語文標準化成就測驗的編製》（台北：心理出版社，2004
　　年）。

[23] 簡茂發，〈試題分析的方法〉，收於簡茂發，《心理測驗與統計方法》（台北：
　　心理出版社，1995 年），頁 116。

[24] 郭生玉，《心理與教育測驗》（台北：精華書局，1995 年），頁 257。

[25] 陳英豪、吳裕益，《測驗與評量》（高雄：復文圖書出版社，1995 年），頁
　　329。

[26] 余民寧，《教育測驗與評量——成就測驗與教學評量》（台北：心理出版社，
　　2004 年），頁 194。

裕益諸位學者的看法[27]，可提供以下幾個方面的回饋：

（1）學生：可以使學生知道教學目標，調整自己的學習方法，激發改進下次測驗表現的動機。

（2）教師：可以讓教師了解學生在學習上的瓶頸或阻礙，做為實施補救教學的依據。

（3）課程：參考學生反覆產生答題困難之處，可以修改課程順序，調整教材難度，或變更教學策略。

（4）命題者：在試題分析中，命題者可以發現命題技巧的缺陷，如題意不清、有暗示線索、誘答選項缺乏效力等，繼而透過試題修改的過程，增進編製測驗的技能。

（5）題庫：試題分析的結果有助於篩選優良試題，汰除不良試題，節省測驗編製的時間與人力，提高題庫的運用效能。

第三節　名詞釋義

（一）四技二專

何謂「四技二專」？「四技」指的是科技大學、技術學院中的四年制學士班，「二專」則是指專科學校二年制各科，以及部分科技大學、技術學院附設專科部的二年制各科，在台灣的教育體制中，位置約如下圖：

---

[27] 參閱郭生玉，《心理與教育測驗》（台北：精華書局，1995 年），頁 258-259；余民寧，《教育測驗與評量──成就測驗與教學評量》（台北：心理出版社，2004 年），頁 195-196；陳英豪、吳裕益，《測驗與評量》（高雄：復文圖書出版社，1995 年），頁 326-328。

圖 1-1

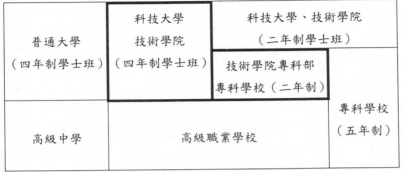

這些科系主要是提供高職畢業生升學，但自 87 學年度起，也開放少數名額給高中畢業生，以「申請入學」的方式就讀。

　　台灣的技職教育，原本是以「高職」和「專科」為主體，至民國 63（1974）年，為配合國家工業發展的人才需求，始設立技職教育的第一所高等學府——國立台灣工業技術學院（今國立台灣科技大學）；63 學年度，電子工程系與工業管理系招生；64 學年度，增設機械工程系、紡織工程系、營建工程系；這兩年均只收專科畢業生修讀二年制學士班；至 65 學年度，電子工程、機械工程、紡織工程、營建工程四系開始招收高職畢業生修讀四年制學士班，此即「四技」的起源。在 1991（民國 80）年之前，「四技」可說是「僅此一家，別無分號」，期間甚至還有六年左右因制度問題而暫時停招[28]。民國 80（1991）年

28　據《成長與茁壯：國立台灣工業技術學院建校二十週年專輯》，原本四年制學士班是高職應屆畢業生可以報考，「但到六十九學年度，依行政院核定的『工職教育改進計畫』，四年制的報考資格，也有限收已服兵役及具有一年以上工作經驗的限制了。這樣一來，六十八學年度的高職應屆畢業生，在

以後，由於國家對技職教育的規畫有所調整，技術學院的數量也逐步增加（參閱表 1-2）：

表 1-2

民國 63 年~80 年	1 所	國立台灣工業技術學院
民國 80 年	3 所	新增： 國立雲林技術學院設校 國立屏東農專改制國立屏東技術學院
民國 83 年	6 所	新增： 國立台北工專改制國立台北技術學院 國立台北護專改制國立台北護理學院 朝陽技術學院設校
民國 84 年	7 所	新增： 國立高雄技術學院設校
民國 85 年	10 所	新增： 南台工商專改制南台技術學院 崑山工商專改制崑山技術學院 嘉南藥專改制嘉南藥理學院

民國 86（1997）年，教育部同意符合條件的「技術學院」改名「科技大學」，科技大學的數量因而快速成長（參閱表 1-3）。除了科技大學，尚有技術學院五十餘所，唸高職升「四技」，已不再是極少數人的專利。

當年便不能報考本院。從此，報考本院四年制的考生人數驟減，終至四年制各系於七十一及七十二學年度分二期全面停止招生。……但至七十七學年度恢復招收四年制學生，並取消兵役及工作的限制。」參閱該書頁 18。

表 1-3

民國 86 年	5 所	國立台灣工業技術學院改名國立台灣科技大學
		國立台北技術學院改名國立台北科技大學
		國立雲林技術學院改名國立雲林科技大學
		國立屏東技術學院改名國立屏東科技大學
		朝陽技術學院改名朝陽科技大學
民國 89 年	11 所	國立：台灣、台北、雲林、屏東、高雄第一、高雄應用
		私立：朝陽、南台、崑山、嘉南藥理、樹德
民國 93 年	22 所	國立：台灣、台北、雲林、屏東、高雄第一、高雄應用、虎尾、高雄海洋
		私立：朝陽、南台、崑山、嘉南藥理、樹德、明志、明新、清雲、萬能、龍華、弘光、建國、輔英、正修
民國 94 年	29 所	新增：澎湖、高苑、聖約翰、中國、嶺東、大仁、中臺

（二）統一入學測驗

　　何謂「統一入學測驗」？這是民國 90（2001）年技專校院實施「考招分離」後的產物。

　　民國 90（2001）年以前，「四技二專」除了以「聯招」方式招生之外，原來就設有「推薦甄選」、「技優保甄」、「申請入學」等「多元入學」管道。但因為每項招生管道都舉辦科目、性質幾乎相同的測驗，不僅考生得重複參加考試，也嚴重影響主辦單位的正常教務工作，造成人力、財力的浪費。有鑑於此，教

育部乃於民國 89（2000）年委託國立台北科技大學成立「技專
校院招生策進總會」，委託國林雲林科技大學成立「技專校院入
學測驗中心」，推動「考招分離」新制[29]。民國 90（2001）年，
新制上路，凡高職畢業生欲升「四技二專」者，原則上都需要
「技專校院入學測驗中心」所辦理之「統一入學測驗」成績；
考生憑此成績，可以選擇「聯合登記分發」、「推薦甄選」、「技
優保甄」等入學方式（參閱圖 1-2）[30]，亦即「招生」管道仍維
持多元，但「考試」只需一次，緣此「一試多用」的特質，故
名曰「統一入學測驗」。

　　「四技二專」的各類別或群組，均須考三個「共同科目」
和兩個「專業科目」，「共同科目」包含「國文」、「英文」與「數
學」，其中「數學」為配合各類科的學習背景及程度需求，區分
為（A）、（B）、（C）三種試卷[31]，「國文」與「英文」則不分類

---

[29]　「教育部為改進技職教育體系傳統聯招考試，整合各類多元入學方式，簡
　　化招生工作，兼顧技職校院自主選才，規劃招生方式採行考招分離制度，
　　配合推薦甄選、技優保甄、申請入學及聯合登記分發等方式，共同構成技
　　專校院多元入學方案。自九十學年度起採行「考招分離」制度，由教育部
　　成立「技專校院入學測驗中心」，負責辦理入學測驗試務規劃與執行事宜，
　　考生僅需參加一次測驗，其成績可供推薦甄選、技優保甄、申請入學及聯
　　合登記分發等各類多元入學管道使用，減少考生重覆報考各招生委員會的
　　考試次數與負擔。並成立技專校院招生策進總會，負責統籌各技專校院招
　　生業務、審議招生策略及改進招生工作。至於各技專校院之招生事務，仍
　　由聯合招生委員會或單獨招生委員會辦理，並依各學制、入學方式之不同，
　　訂定公開招生辦法、審議招生簡章，及規定招生之作業方式與程序。」參
　　閱網頁 http://www.tcte.edu.tw/education.php「技專校院入學測驗中心／教育
　　宣導專區／考招分離制度說明」。

[30]　參閱網頁 http://www.techadmi.edu.tw/four_year/find_my_way/p2-1.htm「技專
　　校院招生策進總會／招生資訊／四技二專／四技二專入學進路指南」。

[31]　考「數學（A）」的是：機械類、汽車類、電機類、電子類、化工類、衛生

科，只有一種試卷。

圖 1-2

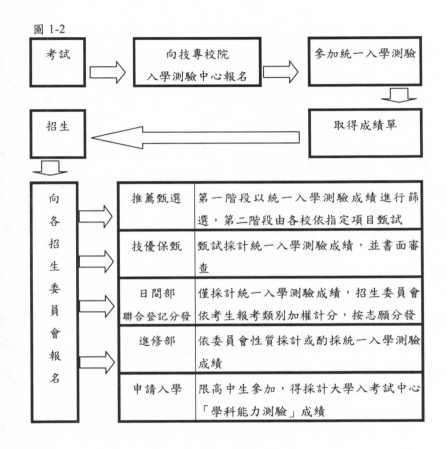

類、土木建築類、工業設計類、工程與管理類工程組、工程與管理類管理組；考「數學（B）」的是：食品類、商業類、商業設計類、幼保類、美容類、家政類、農業類、餐旅類、海事類、水產類、語文類英文組、語文類日文組；考「數學（C）」的則是護理類。

第二章　文獻探討

第一節　語言測驗研究簡述

　　語言教學——包含外語教學、對外華語教學、中小學國語文教學等，在應用語言學（Applied Linguistics）中一向居於核心位置[1]；而「語文測試是語文教學的重要環節之一，具有強化教學、促進學習、評估水平和回饋課程等作用」[2]，並可做為選拔人才、檢驗語言學理論相關假設的工具[3]，甚至可以推廣母語，擴大母語的影響力[4]。因此，語文測試乃「從語言教學的一個重要環節，逐步發展爲語言學的一門分支學科。它從語言教學法、語言習得理論、教育統計學、教育測量、心理測量和認知科學

---

[1] 關於應用語言學的研究範圍，語言學家們的看法見仁見智，但「狹義的應用語言學就是指在語言學理論指導下的語言教學」。參閱岑運強主編，《語言學概論》（北京：中國人民大學出版社，2003 年），第七章第十節〈應用語言學〉，頁 307-308，該節介紹的對象即「外語教學、我國對外漢語教學及中小學語文教學三個方面」。

[2] 李學銘主編，《教學與測試：語文學習成效的評量》（香港：商務印書館，2002 年），〈前言〉。

[3] 參閱張凱，《語言測驗理論與實踐》（北京：北京語言文化大學出版社，2002 年），頁 2-4；劉潤清、韓寶成《語言測試和它的方法》（北京：外語教學與研究出版社，2004 年），頁 6-8；齊瀘揚、陳昌來主編，《應用語言學綱要》（上海：復旦大學出版社，2004 年），頁 82-83。

[4] 參閱劉珣，《對外漢語教學引論》（北京：北京語言文化大學出版社，2002 年），頁 378-379。

獲得營養，成為一門綜合性學科」[5]；「從單純的實用階段，發展到理論與實踐相結合的階段，成為具有主導地位的學科」[6]。

　　對語言能力進行測試，只能是間接且片面的。因為人們所具有的語言能力，須通過誘導來加以測量，而語言能力中的某些部分其實並不容不易誘導，且誘導出來的言語行為也不一定能真實反映其語言能力，所以說語言測試只能是間接的測量。此外，語言測試也不可能把所有的語音、文字、詞匯、語法等都考一遍，而是採取抽樣的方式，透過有限的試題進行「以偏概全」的檢驗，所以說語言測試只能是片面的測量[7]。

　　語文測驗可依不同的標準分類（參閱表 2-1）[8]。例如一般學校的期中考、期末考，測驗編製以教材為依據，教什麼考什麼，即屬「成就測驗」；而「托福測驗」（TOEFL）是以評定受試者的英語能力為目的，不受任何教材限制，便屬於「成就測驗」。「標準化測驗」是指由專業測驗機構研製，對測驗的整個流程——包括命題、施測、評分、分析等都實行標準化處理的測驗。這類測驗通常屬於有固定答案的「客觀測驗」，也往往是

---

[5] Robert Wood 著，邵永真導讀，*Assessment and Testing：A Survey of Research*（《評估與測試：研究綜述》，北京：外語教學與研究出版社，2001 年），頁 F24。

[6] 齊瀘揚、陳昌來主編，《應用語言學綱要》（上海：復旦大學出版社，2004 年），頁 77。該書在「介紹應用語言學的八個主要研究領域」時，特闢一章專門介紹「語言測試」。

[7] 劉珣，《對外漢語教學引論》（北京：北京語言文化大學出版社，2002 年），頁 377-378。

[8] 參閱張凱，《語言測驗理論與實踐》（北京：北京語言文化大學出版社，2002 年），頁 22-30；劉潤清、韓寶成《語言測試和它的方法》（北京：外語教學與研究出版社，2004 年），頁 8-16；劉珣，《對外漢語教學引論》（北京：北京語言文化大學出版社，2002 年），頁 379-382。

將考生個人成績與所有考生成績相比較，以判定個別考生在所有考生中相對位置的「常模參照測驗」。

表 2-1

語文測驗的分類	
功能用途	潛能測驗（aptitude tests）
	成就測驗（achievement tests）
	能力測驗（proficiency tests）
	診斷測驗（diagnostic tests）
評分客觀程度	客觀測驗（objective tests）
	主觀測驗（subjective tests）
命題方式	分項測驗（discrete-point tests）
	整合測驗（integrative tests）
	交際測驗（communicative tests）
分數解釋方式	標準參照測驗（criterion-referenced tests）
	常模參照測驗（norm-referenced tests）
測驗製作方式	標準化測驗（standardized tests）
	非標準化測驗（non- standardized tests）

　　語言測驗的研究課題相當廣泛，茲列舉張凱《語言測驗理論與實踐》（北京：北京語言文化大學出版社，2002 年）、劉潤清、韓寶成《語言測試和它的方法》（北京：外語教學與研究出版社，2004 年）兩書的章標題，略窺這門學科的探討內容：

●張凱《語言測驗理論與實踐》

　1.語言測驗的基本原理

　2.規畫、設計和實施

　3.客觀性試題的編寫和修改

　4.主觀性試題的編寫

　5.預測、題目分析和正式施測

　6.測驗的信度

　7.分數、常模和等值

　8.測驗的效度

　9.決策和後效

●劉潤清、韓寶成《語言測試和它的方法》

　1.語言測試的性質、目的及類別

　2.語言測試的理論基礎

　3.語言測試的總體設計

　4.如何設計多項選擇題

　5.如何設計完形填空

　6.如何設計詞匯測試

　7.如何設計語法測試

　8.如何設計閱讀理解測試

　9.如何設計聽力測試

　10.如何設計口語測試

　11.如何設計寫作測試

　12.現代測試中聽寫和翻譯的設計

　13.如何評判測試的質量

　14.測試成績的分析與解釋

至於兩岸三地的研究成果，中國大陸除了基於外語教學、對外漢語教學的研究需求，因此出版不少英文原著之外[9]，其餘的「中文／漢語測試」專題論著尚有：施仲謀《中國內地、台灣、香港、澳門語文能力測試與比較》（北京：語文出版社，1996 年）、章熊《中國當代寫作與閱讀測試》（成都：四川教育出版社，2000 年）等，而近來日益受到全球重視的「漢語水平考試」（HSK）[10]，也有劉鐮力主編的《漢語水平測試研究》（北京：北京語言文化大學出版社，1998 年）可以參閱。香港方面，如香港理工大學（The Hong Kong Polytechnic University）因學生在畢業前須通過的「語文水平測試」中，包括了「書面漢語水平測試」和「普通話水平考試」，所以在 2000 年及 2001 年舉辦了兩屆「語文測試與語文教學國際研討會」，論文分別匯集為《語文測試的理論與實踐》、《教學與測試：語文學習成效的評量》

---

[9] 例如 J. Charles Alderson, Caroline Clapham and Dianne Wall 著，楊惠中導讀，*Language Test Construction and Evaluation*（《語言測試的設計與評估》，北京：外語教學與研究出版社，2000 年），Robert Wood 著，邵永真導讀，*Assessment and Testing：A Survey of Research*（《評估與測試：研究綜述》，北京：外語教學與研究出版社，2001 年），Grant Henning 著，楊慧中導讀，*A Guide Language Testing：Development, Evaluation and Research*（《語言測試指南：發展、評估與研究》，北京：外語教學與研究出版社，2003 年），Lyle F. Bachman 著，*Fundamental Considerations in Language Testing*（《語言測試要略》，上海：上海外語教育出版社，2004 年）等。

[10] 中國「漢語水平考試」（HSK）是針對母語非漢語者（外國人、華僑、少數民族）所設計的國家級標準化測試，1984 年 12 月由國家教委會委託北京語言學院（今為北京語言文化大學）研發。目前舉行這項考試的地點，全世界已有 36 個國家的 86 座城市，考生超過 50 萬，且人數逐年倍增。參閱〈中國崛起，漢語走紅全球〉，《中國時報》2005 年 5 月 17 日。

二書[11]。台灣的「中文／漢語測試」研究，學者的焦點多集中在
「國小階段」、「特殊障礙」及「母語非華語」的學生。「國小學
童語文能力測試」方面，如林寶貴、楊慧敏、許秀英〈中華國
語文能力測驗之編製及相關因素之研究〉、黃秀霜與吳宜貞〈中
文年級認字量表之 IRT 分析〉等[12]；「特殊障礙學生語文能力測
試」方面，如錡寶香《聽覺障礙學生國語文能力測驗之編製及
其相關研究》、許家吉《國小語文能力發展測驗編製及對特殊教
育學生應用之研究》等[13]；「對外華語教學測試」方面，如柯華
葳編著之《華語文能力測驗編製──研究與實務》、張莉萍編著
之《華語文能力測驗理論與實務》[14]，以及張郁雯、柯華葳、李
俊仁〈華語文能力測驗試題編製的相關研究〉、柯華葳、宋如瑜、
張郁雯〈僑生國語聽與讀理解能力測驗編製報告〉等[15]。

---

[11] 李學銘主編，《語文測試的理論與實踐》（香港：商務印書館，2001 年）；
　　李學銘主編，《教學與測試：語文學習成效的評量》（香港：商務印書館，
　　2002 年）。

[12] 林寶貴、楊慧敏、許秀英，〈中華國語文能力測驗之編製及相關因素之研
　　究〉，《特殊教育研究學刊》12 期（1995 年 6 月）；黃秀霜、吳宜貞〈中文
　　年級認字量表之 IRT 分析〉，中國測驗學會主編，《新世紀測驗學術發展趨
　　勢》（台北：心理出版社，1999 年）。

[13] 錡寶香，《聽覺障礙學生國語文能力測驗之編製及其相關研究》，彰化師範
　　大學特殊教育研究所碩士論文，1989 年；許家吉，《國小語文能力發展測驗
　　編製及對特殊教育學生應用之研究》，彰化師範大學特殊教育研究所博士論
　　文，2002 年。

[14] 柯華葳編著，《華語文能力測驗編製──研究與實務》（台北：遠流出版社，
　　2004 年）；張莉萍編著，《華語文能力測驗理論與實務》（台北：師大書苑，
　　2002 年）。

[15] 張郁雯、柯華葳、李俊仁，〈華語文能力測驗試題編製的相關研究〉，《華文
　　世界》85 期（1997 年 9 月）；柯華葳、宋如瑜、張郁雯〈僑生國語聽與讀
　　理解能力測驗編製報告〉，《華語文教學研究》1 卷 1 期（2004 年 6 月）。

第二節　古典測驗理論試題分析概說

「古典測驗理論」（Classical test theory，簡稱 CTT）是最早的測驗理論，又稱「真實分數理論」（true score theory）。其基本構想是：任何可以觀察到、測量到的「實得分數」（observed score），皆由兩個部分所組成：一是觀察不到、但爲研究者真正想要測量的潛在特質部分，叫做「真實分數」（true score）；一是同樣觀察不到、但不代表潛在特質、也是研究者儘量設法降低的部分，叫做「誤差分數」（error score）。其間的關係可以表示如下：

$$\chi（實得分數）＝t（真實分數）＋e（誤差分數）$$

上述簡單的線性模式，並須滿足一些主要的基本假設[16]：

（1）編製平行測驗是可行的。[17]

（2）「實得分數」的期望值等於「真實分數」，即 $\text{Exp}（\chi）=t$。

（3）「誤差分數」乃一隨機常態分配的變數，「誤差分數」與「真實分數」、「實得分數」無關，且甲測驗的誤差與乙測驗的誤差也無關。

---

[16] 參閱洪碧霞，〈傳統測驗理論信度的意義、類型與求法〉，《題庫專輯》（台南：台南師範學院測驗發展中心，1991 年），頁 17。

[17] 所謂「平行測驗」是指一個測驗的兩式，在編製時，題目的內容、形式、測驗的長度和難度都儘可能相同，其結果是：兩式測驗會有相同的平均數與標準差，與另一個外在變項的相關也一樣。

（4）「誤差分數」既為一隨機常態分配的變數，其平均數
　　　為 0。

（5）既然「誤差分數」的平均數為 0，「真實分數」的平均
　　　數就等於「實得分數」的平均數。

「古典測驗理論」即依據這種「真實分數」模式及其假設的基
礎，針對測驗資料間的實證關係，進行系統解釋的一門學問。「至
今，它仍是最實用的測驗理論，許多通用的測驗仍根據傳方法
來編製，並建立起測驗資料間的實證數據」[18]。

一、信度

　　由於「古典測驗理論」試圖估計「實得分數」與「真實分
數」間的關聯程度，「古典測驗理論」又稱「古典信度理論」
（classical reliability theory），其估計信度的過程及用來建立複
本的策略可圖示如次頁：[19]

---

[18] 余民寧，《教育測驗與評量——成就測驗與教學評量》（台北：心理出版社，
　　2004 年），頁 12-13。

[19] 余民寧，《教育測驗與評量——成就測驗與教學評量》（台北：心理出版社，
　　2004 年），頁 19。

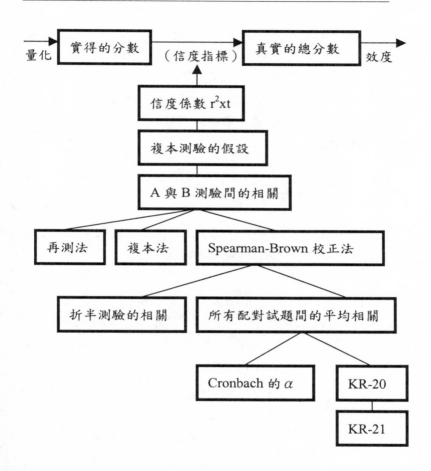

（一）再測法

同一測驗在不同時間，重複測量相同受試者兩次，根據這兩次分數求得的相關，稱為「重測信度」。

（二）複本法

　　「複本測驗」是指兩份測驗在內容、形式、題數、難度、指導說明、時間限制等方面，必須類似或相等。兩個「複本測驗」實施於同一群受試者，依據所測量到的分數求得的相關，即為「複本信度」。

（三）內部一致性法

　　「再測法」與「複本法」均須實施兩次測驗，「內部一致性法」則只須實施一次測驗即可估計信度。又可分為：

　　（1）折半法：「折半法」是憑一次測驗結果，求兩半（可隨機將一份試題分成兩半，亦可按奇數題和偶數題分成兩半）分數的相關。測驗加長或減短對信度的影響，可採用斯布公式（Spearman-Brown formula）加以估計：

$$r_{xx} = \frac{nr}{1+(n-1)r}$$

| r：原測驗的信度 |
| n：測驗加長或減短的倍數 |

　　（2）庫李法：「庫李法」不必將測驗分為兩半，它是依據受試者對所有題目的反應，分析題目間的一致性，以確定測驗中的題目是否測量相同的特質。應用「庫李公式」估計測驗信度，最常用的是「庫李 20 號公式」：

$$r_{kr20} = \frac{n}{n-1} \left(1 - \frac{\sum pq}{S_x^2} \right)$$

> n：測驗題數
> p：答對某一題的人數比率
> q：答錯某一題的人數比率（q＝1－p）
> $\sum pq$：全部題目答對與答錯的百分比的總乘績
>
> S_x^2：測驗總分的變異量

然而「庫李信度」只適用於「非對即錯」的測驗，若測驗屬「多重記分」方式，就必須採 Cronbach 所發表的「α 係數」，其計算公式如下：

$$\alpha = \frac{n}{n-1} \left(1 - \frac{\sum S_i^2}{S_x^2} \right)$$

> n：測驗題數
> S_i^2：每一試題得分的變異數
> S_x^2：測驗總分的變異數

「α 係數」是由「庫李 20 號公式」發展而來。若測驗的題目是同質性的，「α 係數」與「庫李 20 號公式」所估計的信度，和

「折半法」所估計的信度相同；若測驗的題目是異質性的，「α 係數」與「庫李 20 號公式」所估計的信度，會低於「折半法」所估計的信度。因此，「α 係數」與「庫李 20 號公式」所估計的信度，常被稱爲估計信度的最低限度[20]。

二、難度指標

「難度指標」係指每個試題難易程度的指數，以答對該試題的人數百分比來表示，公式爲：

$$P_i = \frac{R_i}{N} \times 100\%$$

| R_i：答對第 i 個試題的人數 |
| N：總人數 |

但上述百分比指標，無法顯示試題的區別功能：亦即其中是高分組考生答對較多？還是低分組考生答對較多？因此常改以高分組考生的答對率與低分組考生的答對率，用下列公式計算難度指標：

$$P_i = \frac{P_{iH} + P_{iL}}{2} \times 100\%$$

P 值越大，表示該試題越容易；P 值越小，表示該試題越困難[21]。

---

[20] 以上均摘錄引自郭生玉，《心理與教育測驗》（台北：精華書局，1995 年），頁 50-62。

[21] 以上參閱郭生玉，《心理與教育測驗》（台北：精華書局，1995 年），頁 261-262；陳英豪、吳裕益，《測驗與評量》（高雄：復文圖書出版社，1995 年），頁 329-330。

三、鑑別度指標

「鑑別度指標」係指試題對不同能力的考生,是否能反應其能力的差異。亦即鑑別度高的試題,能力高的考生容易答對,而能力低的考生容易答錯。其計算方式爲:

$$D_i = P_{iH} - P_{iL}$$

「Kelly 曾證明在某些條件下,使用最高 27%和最低 27%的受試者,可得到更敏感和更穩定的題目鑑別指數」[22],這是爲何「高分組」與「低分組」選用分數在前 27%者與後 27%者的原因。D 值介於 1 至 −1 之間,愈接近於 1,代表試題的鑑別度愈高;愈接近於 0,代表試題的鑑別度愈低。當試題太簡單,使「高分組」與「低分組」都答對,或試題太困難,使「高分組」與「低分組」都答錯,這兩種情況都會使 D 值爲 0,代表試題沒有鑑別度。又若試題編製失敗,造成「高分組」大多數答錯,「低分組」大多數答對,則鑑別度會變成負值,代表試題具有反向鑑別作用[23]。

---

[22] 吳裕益,〈傳統題目分析方法〉,《題庫專輯》(台南:台南師範學院測驗發展中心,1991 年),頁 34。

[23] 參閱簡茂發,〈試題分析的方法〉,《心理測驗與統計方法》(台北:心理出版社,1995 年),頁 120-122;余民寧,《教育測驗與評量——成就測驗與教學評量》(台北:心理出版社,2004 年),頁 211-213。

第三節
大型入學測驗國文試題分析的種類

　　對各類大型入學測驗「國文科」試題的討論，以「主觀評論」的型態居多，亦即評論者不引用統計數據，「就個人的專業素養與過去的教學和出題經驗，主觀地判斷題目的品質，向度包括判斷某一題目是否太困難或太容易、文字表達是否清晰、題目數是否合理、錯誤選項的安排是否適當等」[24]。這類評論，目前往往見於《國文天地》雜誌，陳慧英（斗六高中）、林繼生（板橋高中）、楊鴻銘（建國中學）、王昌煥（武陵高中）、鄭圓鈴（台灣師範大學）、李清筠（台灣師範大學）等均是常見的供稿人[25]。以林繼生〈風雨中的考題——九十三年大學指定考試國文科試題分析〉[26]為例，約就「試題特色」、「試題分析」、「綜合評論」三方面加以探討，其中「綜合評論」歸納整體的優、缺點，「試題分析」則除了比較前三年的試題數量之外，主要是從測驗內容、測驗目標對試題進行分類，並指出較特殊的題型及題幹、選項的出處。

　　此外，測驗機構基於職責，會提供另一種根據統計結果所做的「客觀分析」。以「大學入學考試中心」為例，每年「學科能力測驗」和「指定科目考試」過後，便會由學科研究人員撰

---

[24] 王文中、呂金燮、吳毓瑩、張郁雯、張淑慧，《教育測驗與評量：教室學習觀點》（台北：五南圖書公司，2005 年），頁 359。

[25] 據陳滿銘主編，《大學入學考試國文科試題分析——87~91》（台北：萬卷樓圖書公司，2003 年）。

[26] 林繼生，〈風雨中的考題——九十三年大學指定考試國文科試題分析〉，《國文天地》20 卷 3 期（2004 年 8 月）。

寫這類報告，如曾佩芬《九十二學年度學科能力測驗試題分析
——國文考科》、潘莉瑩《九十二學年度指定科目考試試題分析
——國文考科》[27]等，其撰寫過程當嚴謹：

> 各科之分析報告由本中心各學科研究員撰寫。其工作流
> 程首為參考同質性較高的歷年聯考試題分析、本中心各
> 相關研究報告以及報章雜誌相關內容，並諮詢學科專家
> 及訪談高中教師後，撰寫初步分析；再配合統計數據、
> 圖表及統計方法的驗證，以完成報告草稿。草稿完成後
> 配合本中心所舉辦之「試題分析研討會——92 年指定科
> 目考試試題評價會」，邀請大學教授及高中教師參與討
> 論，彙整各方意見，作適當修改後，分別送請各科教授
> 審議。最後參考審查人之意見，再作最後之修正，以期
> 維持本分析報告之客觀立場。[28]

茲列出曾佩芬《九十二學年度學科能力測驗試題分析——國文
考科》之「目錄」，以略見專業測驗機構所做「試題分析」之梗
概：

> 壹、前言
> 貳、整卷分析

---

[27] 曾佩芬，《九十二學年度學科能力測驗試題分析——國文考科》（台北：大
　　學入學考試中心，2003 年）；潘莉瑩，《九十二學年度指定科目考試試題分
　　析——國文考科》（台北：大學入學考試中心，2003 年）。
[28] 潘莉瑩，《九十二學年度指定科目考試試題分析——國文考科》（台北：大
　　學入學考試中心，2003 年），頁 1。

一、測驗目標與試題取材分布

二、試題特色

　　（一）命題取材

　　（二）命題取向

　　（三）題型分布及配分方式

　　（四）選擇題答對率與鑑別度之分布

參、選擇題分析

肆、非選擇題分析

伍、結論

但因為這類報告不在市面上流通，國家圖書館也未收藏，所以
參閱的人相當有限，其影響力反而不如《國文天地》雜誌所刊
載的「主觀評論」。

第四節
依 Bloom 認知領域教育目標研製的測驗指標

　　B. S. Bloom 和 D. R. Krathwohl 等人在 1956 年所提出的「認
知領域教育目標分類」[29]，一直是「台灣各類重要大型入學測驗

---

[29] 「1948 年起，美國心理學會（American Psychological Association）一群教
　　育評量專家，在 B. S. Bloom 和 D. R. Krathwohl 兩位教育心理學者領導下，
　　為了改進大學考試與課程及教學的需要，相約在每年學會大會之後，分組
　　討論時以教育目標為主題，希望能建立一套類似生物學分類體系，可供教
　　育界人士在學理探討和實務應用上建立共識，便於溝通觀念，使相關事項
　　的研商意見更能切題。經過多年的專題研討，累積八年的成果，終於 1956

試題編寫與試題分析的重要依據」，「截至目前為止，各類大型入學測驗的分析，仍以 Bloom1956 年版的知識、理解、應用、分析、綜合、評鑑六類目，為雙向細目表的橫軸，檢核測驗試題是否完整含括六項認知能力」[30]。現行「大學學科能力測驗國文考科」、「大學指定科目考試國文考科」的「測驗目標」，中國大陸「普通高等學校招生全國統一考試語文科」的「考試大綱」，以及「大學入學考試中心」《新課程架構下教材與試題分析工作計畫》中初步研擬的「高中國文能力指標」，都是依據 Bloom1956 年版的「認知領域教育目標分類」為藍本，一一列舉如下：

（一）大學入學考試中心「大學學科能力測驗國文考科」測驗目標[31]：

表 2-2

測驗學生的基本語文能力	字形、字音、字義之辨識與應用能力
	詞語、成語之辨識與應用能力

年正式出版第一本教育目標分類體系的經典著作《Taxonomy of Educational Objects: Handbook Ⅰ, Cognitive Domain》。」引自簡茂發，〈2001 年修訂 Bloom's 認知領域教育目標分類體系評述〉，《選才》125 期，2005 年 1 月，頁 1。另亦可參閱葉連祺、林淑萍，〈布魯姆認知領域教育目標分類修訂版之探討〉，《教育研究月刊》105 期（2003 年 1 月），頁 95-96。

[30] 鄭圓鈴，《高職國語文標準化成就測驗的編製》（台北：心理出版社，2004 年），頁 26。

[31] 大學入學考試中心編，《認識學科能力測驗 7》（台北：大學入學考試中心，2001 年），頁 3。

		詞性、修辭與文法結構之辨識與應用能力
		閱讀及欣賞作品的能力
		表達及創作的能力
測驗學生的中國文學及中國文化的基本知識	中國文學的基本知識	重要文學流派的常識
		重要文學體裁的特質
		重要作家的地位與成就
		重要作品的內涵與價值
	中國文化的基本知識	重要學術思想的形成、內涵、特質及影響
		其他重要國學及文化常識
測驗學生的基本的治學能力		收集資料的能力
		判讀資料的能力
		整合資料的能力

（二）大學入學考試中心「大學指定科目考試國文考科」測驗目標[32]：

表 2-3

語文應用與表達	能因應不同寫作目的與作品性質，建構適切的寫作策略
	能具構思選材與整合資料的能力
	能具遣詞造句與組織篇章的能力
	能具文學想像與文學技巧的運用能力

---

[32] 大學入學考試中心編，《認識指定科目考試——國英數篇》，（台北：大學入學考試中心，2001 年），頁 5。

語文理解與分析	能辨析古今語言文字及其轉變與差異
	能辨析詞句的語法結構
	能辨析作品中關鍵詞句的意涵
	能辨析作者的論點與作品的旨意
	能發展出分類原則，整合、建構語文資訊
	能因應不同目的，建構適切的閱讀策略
文學知識與文學鑑賞	能辨析不同文體、作家、作品、流派的特色與風格
	能辨析作品的文學筆法，及其與主題內涵的對應關係
	能發揮創造性的想像力，並依據學理方法、生活經驗鑑賞作品的內涵
文化知識與文化體悟	能認識重要文化典故的內涵
	能認識、體悟重要學術思想的內涵與影響
	能適切連結、體悟、建構科技與人文、學理與實用、傳統與現代的關係

（三）中國大陸 2005 年「普通高等學校招生全國統一考試語文大綱」[33]：

---

[33]　參閱網頁 http://www.ecp.com.cn/news/Article_Show.asp?ArticleID=4975。中國大陸的「高考大綱」年年可能會有變動，1999 年的「高考語文考試內容」，可參閱陳海燕、郭慶祥主編，《高考寶典──語文》（北京：中國少年兒童出版社，2001 年），頁 2-3；2004 年的變動，可參閱張樂群，〈2004 年高考語文科「考試說明」的新變化〉，《語文月刊》2004 年 4 期，頁 48。

項目		考試內容
語言知識和語言運用	識記	識記現代漢語普通話的字音
		識記現代漢字的字形
	表達應用	正確使用標點符號
		正確使用詞語（包括熟語）
		辨析並修改病句（語序不當、搭配不當、成分殘缺與贅餘、結構混亂、表意不明、不合邏輯）
		擴展語句，壓縮語段
		選用、仿用、變換句式
		語言表達簡明、連貫、得體
		正確運用常見的修辭方法（比喻、比擬、借代、誇張、對偶、排比、設問、反問）
文學常識和名句名篇	識記	識記中國重要作家的時代及代表作
		識記外國重要作家的國別及代表作
		識記文學體裁常識
		默寫常見的名句名篇
古代詩文閱讀	理解	理解常見實詞在文中的含義
		理解常見文言虛詞在文中的用法（而、何、乎、乃、其、且、若、所、為、焉、也、以、因、于、與、則、者、之）
		理解與現代漢語不同的句式與用法（判斷句、被動句、賓語前置、成分省略和詞類活用）
		理解並翻譯文中的句子

	分析綜合	篩選文中的訊息
		歸納內容要點，概括中心意思
		分析概括作者在文中的觀點態度
	鑑賞評價	鑑賞文學作品中的形象、語言和表達技巧
		評價文章的思想內容和作者的觀點態度
現代文閱讀	理解	理解文中重要詞語的含義
		理解文中重要句子的含意
		辨別和篩選文中的重要信息
	分析綜合	篩選並整合文中的訊息分析
		分析文章結構，把握文章思路
		歸納內容要點，概括中心意思
		分析概括作者在文中的觀點態度
		根據文章內容進行推斷和想像
	鑑賞評價	鑑賞文學作品中的形象、語言和表達技巧
		評價文章的思想內容和作者的觀點態度
寫作	基礎等級	符合題意
		符合文體要求
		感情真摯，思想健康
		內容充實，中心明確
		語言通順，結構完整
		書寫規範，標點正確
	發展等級	深刻
		豐富
		有文采
		有創新

（四）大學入學考試中心「高中國文能力指標」研究初稿[34]：

表 2-5

項目		能力要求
語文能力	語音	能識讀常用國字的字音
		能判別雙聲、疊韻
	文字	能辨識同音或形近的錯別字，書寫正確用字
		能透過常見漢字，認識象形、形聲、會意等造字原則
	文法	能透過題幹說明，理解漢語構詞方式
		能透過題幹說明，理解漢語詞類及其活用現象
		能辨識對偶及其他特殊的構句方式
		能將文句組成前後連貫得段落
	詞義與文意	能依據上下文使用適當的標點符號
		能明白常見詞彙、成語、歇後語、諺語的意義
		能明白詞彙在上下文中的意義或引申義
		能依據場合或上下文運用精確的詞彙及成語
		能理解句子在上下文中的意義或引申義
		能理解段落或篇章的意義，掌握其中的關鍵訊息
		能體會譬喻及其他修辭技巧對文意的強化作用
文學知識	古典文學	散文　能認識各朝散文之類型與特色
		能認識各朝散文重要流派與文學主張

---

[34] 林美清、陳芳汶、游適宏、潘莉瑩、曾佩芬，《新課程架構下教材與試題分析工作計畫──國文科子計畫》（台北：大學入學考試中心，2001 年），頁93-94。

			能認識各朝散文名家、名作的風格及特色
		詩歌	能認識各朝詩歌體製、風格之異同
			能認識各朝詩歌名家、名作的風格及特色
		詞	能認識詞的體製與風格
			能認識詞的重要流派以及名家、名作的風格與特色
		曲	能認識曲的體製與風格
			能認識曲的重要流派以及名家、名作的風格與特色
		小說	能認識各朝小說的類型、性質及演變過程
			能認識重要小說作品、作家
	現代文學		能認識重要散文名家的文風及特色
			能認識現代詩的體製與名家的風格及特色
			能認識重要小說作家的風格及特色
			能認識現代文學與古典文學之間的關係
文章賞析			能體會作品遣詞用字的特色
			能體會作品中的言外之意
			能體會作品中的細節與全篇意涵的對應關係
			能掌握作品中特殊的描寫方式及寫作技巧
			能綜觀各層面的表現，鑑賞作家、作品風格
文化知識與文化體悟	文化傳承		能認識先秦重要思想家及基本主張
			能理解、體悟傳統文化及先秦思想對後世的影響
			能經由當前社會之趨勢及文化現象，提出人的反省

	人生 修養	能經由經典作品（包括經史子集）的啟示，體會人生的意義與價值
		能經由經典作品（包括經史子集）的啟示，理解人與自然界、人與萬物的交互影響
		能經由經典作品（包括經史子集）的啟示，建立個人的理想與責任感
	人倫 關係	能理解、體悟傳統文化中親子關係與「孝道」的真諦
		能理解、體悟手足同儕間的相處之道
		能夠基於自身理解的人生意義與價值，建立互敬與溝通的兩性關係
		能夠理解、把握個人與群體間的分際
	價值 系統	能分辨與評判文學作品的價值
		能尊重並包容不同的信仰或宗教
		能透過國文的學習，提高判別是否真偽的能力
		能分辨、評判法律刑罰與道德禮教的價值
		能確認秩序與自由之間最適切的關係
寫作能力		能書寫通順的文句，適當運用修辭技巧
		能書寫意義完整、條理清晰的段落或篇章
		能配合特定的場合或對象，適當調整表意方式
		能根據寫作要求，判讀、整合圖表或文字資料
		能結合聯想與生活體驗，抒發情意與感受
		能比較、分析不同的觀點，提出個人見解
		能具備應用文寫作等實用性質之寫作能力

至 2001 年，L. W. Anderson 和 D. R. Krathwohl 等人主編的《A Taxonomy for learning, teaching, and assessing: A revision of Bloom's taxonomy of educational objectives》一書，對舊版的「認知領域」予以新的分類建制：

> 將原本單向度的認知歷程，改為雙向度的列聯表
> （ two-dimensional contingency table ）此表分為知識
> （ Knowledge ）、認知歷程（ Cognitive Process ）兩個向度，
> 前者包含四項，即事實知識（ factual knowledge ）、概念
> 知識（ conceptual knowledge ）、程序知識（ procedural
> knowledge ）、後設認知知識（ metacognitive knowledge ）；
> 後者包含六項，即記憶（ remember ）、理解（ understand ）、
> 應用（ apply ）、分析（ analyze ）、評鑑（ evaluate ）、創造
> （ create ）；行列交叉，共有二十四項評量重點。[35]

原架構與修訂架構之間的比較[36]，以及修訂版雙向度認知領域教育目標分類表如下[37]：

---

[35] 簡茂發，〈2001 年修訂 Bloom's 認知領域教育目標分類體系評述〉，《選才》125 期（2005 年 1 月），頁 2。

[36] 李坤崇，〈修訂 Bloom 認知分類及命題實例〉，《教育研究月刊》122 期（2004 年 6 月），頁 99。

[37] 簡茂發，〈2001 年修訂 Bloom's 認知領域教育目標分類體系評述〉，《選才》125 期（2005 年 1 月），頁 3；李坤崇，〈修訂 Bloom 認知分類及命題實例〉，《教育研究月刊》122 期（2004 年 6 月），頁 99。

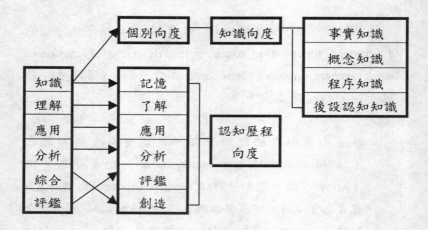

表2-6

	認知歷程向度 Cognitive Process Dimension					
知識向度 Knowledge Dimension	記憶 remember	了解 understand	應用 apply	分析 analyze	評鑑 evaluate	創作 create
A.事實知識 factual knowledge						
B.概念知識 conceptual knowledge						
C.程序知識 procedural knowledge						
D.後設認知知識 metacognitive knowledge						

上表「知識向度」之「事實知識」、「概念知識」、「程序知識」
與「後設認知知識」四項，以及「認知歷程向度」之「記憶」、
「理解」、「應用」、「分析」、「評鑑」、「創造」六個層次，其定
義與內容分別表列如下[38]，大致來說，高中職階段的「國文知識」
皆屬「事實知識」和「概念知識」。

表 2-7

主類別／次類別	定義／說明	示例
A.事實知識 factual knowledge	學習科目後和解決問題時應知的基本要素	
AA.術語的知識 knowledge of terminology	特定語文或非語文形式的標題和符號	樂符；植物；注音符號；分數；幾何圖形
AB.特定整體和元素的知識 knowledge of specific details and elements	有關事件、位置、人、資料、資訊來源等知識，可包括具精確和特定性或約略性的資訊	新聞事件；自然資源；社區文化
B.概念知識 conceptual knowledge	指存於較大型結構中能共聚產生功能的各基本要素之相互關係	
BA.分類和類別的知識 knowledge of classifications and categories	用於確定不同事物的類別、等級、劃分和排列情形	地質年代；台灣原住民族群；季節；方位

---

[38] 葉連祺、林淑萍，〈布魯姆認知領域教育目標分類修訂版之探討〉，《教育研究月刊》105 期（2003 年 1 月），頁 99-101。

BB.原則和通則化的知識 knowledge of principles and generalizations	有關觀察現象總結的摘要，可用描述、預測、解釋、決定最適行動	供需法則；重力加速度公式；生活規範；法律
BC.理論、模式和結構的知識 knowledge of theories, models, and structures	對複雜的現象、問題和事物，提出清楚、完全和系統性的觀點	進化論；認知架構；家庭結構；消費型態；經濟模式
C.程序知識 procedural knowledge	有關如何完成某事的流程、探究方法，以及使用技巧、演算、技術和方法的規準	
CA.特定學科技能和演算的知識 knowledge of subject-specific skills and algorithms	多指有固定最終結果、或具固定順序或步驟的知識	運用水彩畫圖的技巧；整數的除法運算
CB.特定學科技術和方法的知識 knowledge of subject-speficic techniques and methods	大部分為一些對結果具共識或是學科規範的知識，多反映出專家思考和解決問題的方式	面談技巧；科學方法

CC.決定何時使用適當程序的規準知識 knowledge of criteria for detemining when to use appropriate procedures	指知道何時使用程序和過去使用該程序的知識，通常為歷史記錄或百科全書形式	評斷使用特殊方法估算學校經營成本的規準；羽球打法；自網路查資料的方法
D.後設認知知識 meta-cognitive knowledge	指認知和知覺的知識，及對自己認知的知識	
DA.後設認知知識 meta-cognitive knowledge	指用於學習、思考和解決問題的一般性策略知識，會因工作和學科性質而異	應用四則運算為工具，以計算購物問題的知識
DB.認知任務的知識，包括特有脈絡和狀態的知識 knowledge about cognitive tasks, including appropriate contexual and conditioal knowledge	即情境知識（conditioal knowledge），包括何時正確使用和為何使用某知識的策略，其與當時情境、社會、傳統和文化規範有關	考查學生數學學習成就及其生活情境和認知發展狀態的知識
DC.自我認知 self-knowledge	包括對自己在認知和學習方面優劣的知識、動機信念（含自我效能信念、對目標和理由的信念、對價值和興趣的信念）	評斷自己解決數學問題的優點、缺點和能力等級；了解自己的價值觀

表 2-8

主類別／次類別	相關詞	定義	示例
1.記憶 remember		從長期記憶取回有關知識	
1.1 確認 recognizing	確認 identifying	確認長期記憶中和現有事實一致的知識	指出哪天是中秋節
1.2 回憶 recalling	取回 retrieving	自長期記憶中，取回有關知識	說出哪天是中秋節
2.了解 understand		從口述、書寫和圖像構通形式的教學資訊中建構意義	
2.1 說明 interpreting	釐清 clarifying 釋義 paraphrasing 陳述 representing 轉釋 translating	由一種呈現資訊方式，轉換成另一種方式（如數值轉換成語文）	畫出日蝕的成因
2.2 舉例 exemplifying	舉例 illustrating 舉實例 instantiating	找出特定的例子或對概念或原則的說明	舉出端午節的重要活動
2.3 分類 classifying	分類 categorizing 歸類 subsuming	決定將某些事物歸屬為同一類	將中秋節視為中國傳統的節慶

2.4 總結 summarizing	摘要 abstracting 建立通則 generalizing	將一般性主題或要點，加以摘要	摘要出「賞月記」的文章大意
2.5 推論 inferring	推斷 extrapolating 插補 interpolating 預測 predicting	根據現有資訊，提出一個具邏輯性的結論	依資料推斷端午節也是中國傳統節慶
2.6 比較 comparing	對照 contrasting 模比 mapping 配對 matching	檢視二觀點、事物或其他類似物中的一致性	比較中秋節和端午節的異同
2.7 解釋 explaining		建立一個系統的因果模式	解釋颱風發生的原因
3.應用 apply		面對某情境執行或使用一個程序	
3.1 執行 executing	進行 carrying out	應用一個程序於已熟悉的工作	應用習得的二位數加法，計算二位數加法問題
3.2 實行 implementing	運用 using	應用一個程序於陌生的工作	應用至雜貨店購物經驗於超市購物
4.分析 analyze		分解整體為許多部分，並決定各部分彼此和與整體結構或目的的關係	

4.1 辨別 differentiating	區別 discriminating 分別 distinguishing 聚焦 focusing 挑選 selecting	自現有材料中區分出相關和不相關，或重要和不重要的部分	分辨直角三角形和正三角形的不同
4.2 組織 rganizing	尋找 finding 連結 coherence 概述 outlining 剖析 parsing 結構化 structuring	確定要素在結構中的適合性和功能	整理有關屈原的傳說，說明屈原的為人
4.3 歸因 attributing	解構 deconstructing	確定現有材料中隱含的觀點、偏見、價值觀或意圖	說明司馬遷寫作史記的用意
5.評鑑 evaluate		根據規準和標準下判斷	
5.1 檢查 checking	協調 coordinating 檢視 detecting 監視 monitoring 施測 testing	檢視某程序或產品中的不一致性或錯誤，確定某程序或產品的內部一致性，察覺正實行程序的效能	檢查重力加速度實驗結果和該定律的一致性
5.2 評論 critiquing	判斷 judging	檢視產品和外部規準的不一致性，確定產品	評論大禹和鯀的治水方法

		是否有外部一致性，察覺解決問題的方式適切性	
6.創造 create		集合要素以組成一個具協調性或功能性的整體，重組要素為一個新模型或結構	
6.1 通則化 generating	提出假設 hypothesizing	根據許多規準建立假設	綜合養殖小雞的紀錄，提出小雞生長歷程的看法
6.2 規劃 planning	設計 designing	建立一個操作程序以完成某些工作	撰寫一個觀察蝴蝶生態的計畫
6.3 製作 producing	建立 constructing	發明新產品	創作歌曲和樂曲

　　鄭圓鈴《高職國語文標準化測驗的編製》是最早運用新版「知識向度」與「認知歷程向度」的架構，建立「高職國語文評量指標」，茲引述如下[39]：

---

[39] 鄭圓鈴，《高職國語文標準化成就測驗的編製》（台北：心理出版社，2004年），頁 60-63。

表2-9

評量指標		認知能力					
		記憶	理解	應用	分析	評鑑	創造
能記憶字形	確認正確字形	▲					
	確認同音字形	▲					
	確認形近字形	▲					
能記憶讀音	確認正確讀音	▲					
	確認形近字讀音	▲					
	確認一字多音讀音	▲					
能記憶詞義	回憶成語涵義	▲					
	回憶成語引申義	▲					
	回憶成語關係	▲					
能了解詞義	說明詞語涵義		▲				
	舉例同義詞		▲				
	舉例多義詞		▲				
	舉例虛數詞		▲				
	舉例虛詞		▲				
	舉例意義新詞		▲				
	舉例聲音新詞		▲				
能了解文化常識	推論人物		▲				
	推論典籍		▲				
	推論節慶習俗		▲				
	推論史事		▲				
能了解經史子集常識	推論經史子集		▲				

能了解文字理論	推論文字理論	▲			
能了解文學常識	推論文體格式	▲			
	推論文體流變	▲			
能了解句義	說明句子涵義	▲			
	分類句子內容	▲			
	比較句子關係	▲			
	推論句子特定觀點	▲			
能了解段義	總結段落要旨	▲			
	推論段落標題	▲			
	分類段落內容	▲			
	比較段落關係	▲			
	解釋段落結構	▲			
能應用語法	實行複詞		▲		
	實行詞類		▲		
	實行詞類活用		▲		
	實行詞語結構		▲		
	實行簡句		▲		
	實行複句		▲		
能應用修辭法	實行譬喻		▲		
	實行映襯		▲		
	實行借代		▲		
	實行轉化		▲		
	實行摹狀		▲		
	實行設問		▲		
	實行雙關		▲		

	實行誇飾			▲		
	實行對偶			▲		
	實行引用			▲		
	實行層遞			▲		
	實行數字			▲		
能應用標點符號	實行標點符號			▲		
能應用寫作技巧	實行敘述			▲		
	實行描寫			▲		
	實行抒情			▲		
	實行說明			▲		
	實行議論			▲		
能應用應用文格式	實行書信			▲		
	實行公文			▲		
	實行柬帖			▲		
	實行對聯			▲		
	實行題辭			▲		
	實行稱謂語			▲		
	實行契約			▲		
	實行會議文書			▲		
能應用寫作格式	實行語詞			▲		
	實行句子			▲		
	實行段落			▲		
	實行資料整理			▲		
能分析篇章義	辨別要素				▲	
	組織關係				▲	

				▲	
	歸因組織原則			▲	
能評鑑短文寫作	檢查詞語規準				▲
	檢查句子規準				▲
	檢查組織原則規準				▲
能評鑑文學作品	評論詩歌				▲
	評論散文				▲
	評論小說				▲
能創造文句重組	能創造文句重組				▲

第五節　職業學校國文課程標準的要點

　　由於「技專校院入學測驗中心」並未制定「四技二專統一入學測驗國文科」的「測驗目標」或「測驗大綱」，只公告「考科範圍」[40]，而此「考科範圍」其實就是教育部所頒「職業學校一般科目課程標準暨設備標準」中「國文科」的「教材綱要」。因此，要探討「四技二專統一入學測驗國文科」的「內容效度」，有必要先了解這套「課程標準」的內涵。

　　職業學校國文課程標準自民國53（1964）年以來歷經多次修訂，最近一次是民國94（2005）年4月教育部公布的「職業學校各群科課程暫行綱要」，其中「一般科目／語文領域／國文科」有六項「教學目標」[41]，但由於尚未實施，故與本研究無關。

---

[40]　94 學年度的國文科考科範圍公告於網頁：
http://www.tcte.edu.tw/four/94exam4y/94_4y_00A.pdf。

[41]　六項教學目標為：一、提昇學生閱讀、表達、欣賞及寫作語體文之興趣與

而民國 53 年 10 月所公布的課程標準，其「教學目標」共有三項[42]：

一、提高學生閱讀及寫作語體文之能力。
二、培養閱讀淺近古籍之興趣，及寫作明易文言文之能力。
三、灌輸傳統文化，啟迪時代思想，以加強愛國觀念，宏揚大同精神。

至民國 63（1974）年，教育部又修訂課程標準，國文課程的「教學目標」由三項增加為四項[43]：

一、提高學生閱讀及寫作語體文之能力。
二、培養閱讀淺近文言文之興趣，及寫作應用文之能力。
三、輔導學生閱讀課外優良作品。
四、灌輸傳統文化，啟迪時代思想，以加強愛國觀念，宏揚大同精神。

能力。二、培養學生閱讀及欣賞淺近古籍之興趣與能力，以陶冶優雅之氣質與高尚之情操。　三、指導學生研讀中國文化基本教材，以培養倫理道德之觀念和愛國淑世之精神。四、指導學生熟習常用之應用文格式與作法，以應實際生活及職業發展之需要。五促進學生思考、組織、創造與想像之能力。六加強學生人文素養，以鎔鑄人文關懷之情操。

[42] 教育部中等教育司編，《高級工業職業學校課程標準》（台北：正中書局，1965 年），頁 55。

[43] 教育部技術及職業教育司編，《高級工業職業學校課程標準》（台北：正中書局，1974 年），頁 7。

與民國 53 年版相比較，最大的不同是納入「課外閱讀」、強調「應用文」寫作、以及刪去「寫作明易文言文」。至民國 75（1986）年公布的課程標準，國文課程的「教學目標」又由四項擴增為五項[44]：

一、提高學生閱讀及寫作語體文之能力。

二、培養學生閱讀及欣賞淺近古籍之能力。

三、指導學生熟悉應用文之寫作及陶冶愛好書法之興趣。

四、養成學生思考、創造及能充分表達意見之能力。

五、培育學生正確倫理觀念，激發其愛國情操。

這次加入了「培養對書法的興趣」，並指出「思考、創造、表達能力」的重要性。民國 87（1998）年 9 月 30 日，教育部再度修正「職業學校一般科目課程標準暨設備標準」【台（87）技（三）字第 87111068 號】，自 89 學年度一年級入學新生開始實施，其中國文課程的「教學目標」為[45]：

一、提高學生閱讀、語言表達、欣賞及寫作語體文之興趣與能力。

二、培養學生閱讀及欣賞淺近古籍之興趣與能力，以陶冶優雅之氣質與高尚之情操。

三、指導學生研讀中國文化基本教材，培養倫理道德之觀念、愛國淑世之精神。

---

[44] 教育部技術及職業教育司編，《工業職業學校工藝群課程標準暨設備標準》（台北：正中書局，1986 年），頁 97。

[45] 參閱網頁 http://www.cer.ntnu.edu.tw/www/news/20040531/87course.doc。

　　四、指導學生熟習常用應用文之格式與作法，以應實際
　　　　生活及職業發展之需要。

　　五、指導學生閱讀勵志、益智以及與職業相關之課外讀
　　　　物；提升欣賞書法之興趣與能力；拓展恢宏堅毅之
　　　　胸襟。

其實這五項與先前公布的「教學目標」並無明顯差異，只是將
行之有年的「中國文化基本教材」寫進來而已。這套課程標準
就是「技專校院入學測驗中心」自 90 學年度迄今命製「四技二
專統一入學測驗國文科」的主要依據，其「教材綱要」整理如
下：

表 2-10

教材綱要		第一學年		第二學年		第三學年	
		上	下	上	下	上	下
範文	歷代文選（含小說）	■	■	■	■	■	■
	古典詩選	■	■				
	曲選			■	■		
	現代散文選	■	■	■	■	■	■
	現代小說選			■	■	■	■
	現代詩選	■	■	■	■	■	■
中國文化基本教材	《論語》選讀	■	■	■			
	《孟子》選讀				■	■	
	〈中庸〉〈大學〉選讀						■

應用文	書信、便條、名片	■					
	柬帖、會議文書		■				
	履歷表、自傳、對聯、題辭、標語			■			
	契約、規章				■		
	公文					■	
	慶弔文、啟示、廣告						■

在「範文」部分，另有以下要求：

表 2-11

	文言文：語體文	文言選文原則	其他
第一學年	55%：45%	以六朝唐宋文為主	每冊應選與專業教育有關之範文，以 20%為原則。
第二學年	60%：40%	以唐宋明清文為主	
第三學年	60%：40%	以先秦兩漢文為主	

「範文」讀講時並須注意下列各項：

一、寫作動機、目的，及文章體裁

二、生難詞語之形、音、義，及成語典故之出處、用法

三、全篇主旨及段落大意

四、分析或比較文言文、語體文文法之異同，講解虛字
　　之用法及修辭技巧

五、分析範文之結構、寫作技巧，指導學生模仿範文習
　　作

此外，每學期皆應練習「作文」3至4篇，撰寫「課外閱讀報告」1篇。三學年的國文課程也有其階段性：第一學年特別加強語文訓練，第二學年特別注重情意陶冶，第三學年特別強調思想啓迪[46]。

綜觀以上的敘述，職業學校的國文課程除「情意陶冶」與「思想啓迪」之外，「語文訓練」實含蓋了語音（生難詞語之音）、語匯（成語典故之出處、用法）、語義（生難詞語之意義；全篇主旨及段落大意）、語法（文言文、語體文文法之異同；範文之結構）各層面，也包括文學知識（文章體裁；寫作技巧）的學習，且除了「閱讀」能力的提升之外，亦注重「寫作」能力的培養。

---

[46] 以上參閱網頁 http://www.cer.ntnu.edu.tw/www/news/20040531/87course.doc。

第三章　研究程序與工具

第一節　研究對象

　　由「技專校院入學測驗中心」所辦理的「四技二專統一入學測驗」自90學年度起實施，迄今始屆五年，本書即以這五年的「國文科」試題為研究對象。「四技二專統一入學測驗」的所有考科皆為單一選擇題，「國文科」也不例外，因此沒有寫作題，各年選擇題的題數如表3-1：

表3-1

90年度	91年度	92年度	93年度	94年度	合計
55	50	50	50	50	255

再者，這五年的試題除90學年度全卷不分「大題」，其餘四年均分為「綜合測驗」、「閱讀能力測驗」及「語文表達能力測驗」三個部分，各「大題」的題數如表3-2：

表3-2

學年度 大題	90	91	92	93	94
綜合測驗		34	31	27	27
閱讀能力測驗		7	8	10	11
語文表達能力測驗		9	11	13	12

「國文科」為「四技二專」各招生類別的必考科目，這五年的
實際應考人數如表 3-3：

表 3-3

90 學年度	91 學年度	92 學年度	93 學年度	94 學年度
222,035 人	213,238 人	203,944 人	179,010 人	169,868 人

第二節　研究程序

本研究分為「試題分析」與「歷史研究」兩部分，第四、
五、六章進行「試題分析」，第七章進行「歷史研究」，其程序
說明如下：

（一）建立雙向細目表

由於「四技二專統一入學測驗國文科」只有「考科範圍」，
沒有「測驗目標」，因此先參考相關文獻，建立「雙向細目表」，
俾便進行「內容效度」（content validity）的檢核。

（二）試題的品質分析

透過「雙向細目表」檢核 90 學年度至 94 學年度「四技二
專統一入學測驗國文科」的 255 個試題，觀察其測驗內容是否
具有理想的「內容效度」。

（三）試題的量化分析

整理「技專校院入學測驗中心」所提供的古典測驗理論試
題分析數據，個別檢視 255 個試題的「難度」、「鑑別度」及「選
項誘答力」，找出「難度」偏高、「鑑別度」偏低、以及「不正
確選項」過度誘答的試題。

（四）試題的選擇與改進

依據試題選擇的一般標準，遴選理想的試題，並嘗試追蹤少數試題「難度」偏高、「鑑別度」偏低、以及「不正確選項」過度誘答的原因，推敲這些題目應否放棄，並尋找修改這些題目的可能作法。

（五）試題的歷史研究

比較「四技二專聯招」與「四技二專統一入學測驗」兩個時期的國文科試題，詮釋 90 學年度至 94 學年度試題的發展特徵；同時也參考「大學入學考試」的國文科試題，觀察彼此影響的軌跡。

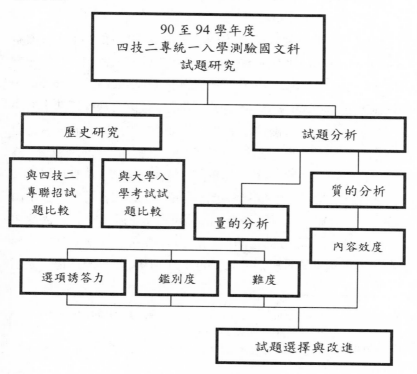

第三節　研究工具

由於「技專校院入學測驗中心」針對「四技二專統一入學測驗國文科」只公告「考科範圍」，沒有「測驗目標」，因此本節將參考第二章第四節「依 Bloom 認知領域教育目標研製的測驗指標」與第五節「職業學校國文課程標準」的文獻資料，就「國文」這門學科的「認知領域」（cognitive domain）擬訂一個「雙向細目表」，以做為第四章檢核試題「內容效度」的工具。

一、學科「知識」內容

首先，依照目前教育學門的普遍共識，教育目標的分類（Taxonomy of Educational Objects）可畫歸三大領域——認知方面（cognitive domain）、動作技能方面（psychomotor domain）、情意方面（affective domain）[1]。職業學校國文課程標準「教學目標」中所訂的「優雅之氣質」、「高尚之情操」、「倫理道德之觀念」、「愛國淑世之精神」、「恢宏堅毅之胸襟」等，均屬於「情意方面」，考生是否具備上述氣質、情操、胸襟，或許可以從書寫表達所流露的態度或見解進行觀測，但也很有可能「言不由衷」，「志深軒冕而汎詠皋壤，心纏幾物而虛述人外」[2]，因此並不適合以紙筆測驗進行測量。也由於透過紙筆測驗測量的對象，最好是屬於「認知方面」的能力，因此第二章所揭「大學

---

[1] 參閱郭生玉，《心理與教育測驗》（台北：精華書局，1995 年），第六章第二節，「教學目標的分類」，頁 170-191。

[2] 劉勰著，王更生注譯，《文心雕龍讀本》（台北：文史哲出版社，1988 年），〈情采〉，頁 78。

入學考試中心」一項研究計畫所擬訂的「高中國文能力指標」，其中「文化知識與文化體悟」下轄的「人生修養」、「人倫關係」和「價值系統」三群指標，應暫不納入檢核「四技二專統一入學測驗國文科」試題的「雙向細目表」。

那麼，「國文」之中的「認知領域」又該分如何分類？其實，不同的觀察立足點會形成不同的分類結果，如同「人」可以分為「男人」和「女人」，也可以分為「老年人」和「年輕人」，並沒有絕對的、最好的模式。因此，「國文」這門學科，可以參考「課程標準」直接分為「範文」、「中國文化基本教材」、「應用文」、「作文」、「課外閱讀」五個領域，也可以按照一般共識，分為「語言」、「文學」、「文化」三個領域，但這也不表示「語言」、「文學」、「文化」可以截然畫分，有些理論認為「文學」是建構於「語言」之上的二度規範系統[3]，新興的「文化語言學」則觀察「語言」和「文化」的雙向關係[4]。由於第二章所介紹的「測驗目標」、「考試大綱」、「能力指標」，幾乎都採用這種分類方式，本章擬訂「雙向細目表」，也打算採用這個基本架構。

在「語言」領域方面，「語言學」中「語言」（langue）和「言語」（parole）的區分，多少與我們思考如何分類有關。「現代語言學之父」索緒爾（Ferdinand de Saussure）提出「語言」和「言語」之分──「語言是存在於全社團成員大腦裡的相對

---

[3] 例如符號學家「洛德曼認為『自然語』（也就是我們通常所謂的語言）是首度規範系統，而文學、藝術、以及各種風俗習慣等則為二度規範系統，蓋後者乃是建構在前者之上而成為一個二度系統。」古添洪，《記號詩學》（台北：東大圖書公司，1984 年），頁 119。

[4] 相關的書籍例如戴昭銘《文化語言學導論》（北京：語文出版社，1996 年）、常敬宇《漢語詞彙與文化》（北京：北京大學出版社，2000 年）等。

完整的抽象符號系統」，「言語是個人在特定情景中對語言的具體運用和表現」[5]，「語言和言語的關係是工具與工具運用的關係」[6]。因此，喬姆斯基（Chomsky）首先提出「語言能力」（linguistic competence）一詞時，就認為「語言能力」是指「同質的語言知識或語法知識，是心理狀態、心理器官或認知結構，是天賦的、絕對的心理特徵；語言能力不是怎樣使用語言知識的能力，不是過程或實際運用」[7]；而相對於「語言能力」的「語言運用」（performance），則是指「人們在具體語境中對語言的實際運用，即使用語言的具體行為或實際說出的話語」[8]。但 Hymes、Halliday 等人，則不承認「語言能力」與「語言運用」之分，反對將理想化的知識和實際運用分開。Taylor 則認為完整的「語言能力」應包含三部分[9]：

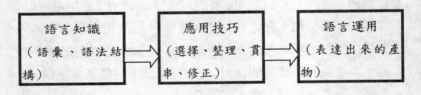

---

[5]　李宇明，《理論語研學教程》（武昌：華中師範大學出版社，2004 年），頁 1。

[6]　岑運強主編，《語言學概論》（北京：中國人民大學出版社，2003 年），頁 37。

[7]　戴曼純，〈語言學研究中「語言能力」的界定問題〉，《語言教學與研究》1997 年 2 期，頁 94。

[8]　張德鑫，〈談語言能力及能力測試〉，《語言文字應用》1997 年 4 期，頁 63。

[9]　戴曼純，〈語言學研究中「語言能力」的界定問題〉，《語言教學與研究》1997 年 2 期，頁 103。

事實上，語言知識的確有可能因諸多緣故而無法正常發揮。「呆了半晌說不出話來」，可能是腦海中詞彙匱乏，但也可能是一時震驚，慌亂間想不到適當的詞彙，之後還是可以準確表達。又如考生原有足夠的語言知識，卻因試題文句本身有歧義而誘使考生判斷錯誤，或因一時大意而寫出「文句流暢，可惜文不對題」的文章，這些狀況應該被視為「擁有語言能力」還是「缺乏語言能力」？一般來說，評判者對考生「語言能力」的研判，還是只看「語言運用」的結果——不論考生是否受到身體不適、情緒緊張、一時粗心、周圍嘈雜……等因素所影響。正因為「語言能力是一個由多因素組成的複雜的能力系統，它既不是純知識，也不是純技能，而是兩者有機的結合」[10]，中國大陸「高考」語文考試大綱的第一個測驗項目，遂綜合兩者而名曰「語言知識與語言運用」。

經由上述，我們容或知道「語言」和「言語」、「語言知識」和「語言運用」確有區別，但這些區別在編製「雙向細目表」時是可以暫時忽略的。例如「嚴格地用語言和言語的觀點分析，語用學屬於言語的語言學，語義學屬於語言的語言學」：[11]

> 語用學和語義學都研究語言的意義，但是它們所研究的意義平面不一樣。語義學研究的是不受語境影響的語言中的詞語、句子本身的認知意義；語用學則是研究語言使用上的意義，即在特定語境中表現出來的意義。語義

---

[10] 崔頌人，〈試論「語言能力」的定義和實質〉，《華文世界》74 期（1994 年 12 月），頁 23。

[11] 岑運強主編，《語言學概論》（北京：中國人民大學出版社，2003 年），頁 27。

學研究句子的意義，是要解決"What does X mean?"（X
表示什麼意義）的問題，語用學研究話語的意義，是要
解決"What do you mean by saying X?"（你說 X 是要表示
什麼意思）的問題。[12]

但由於「兩者有著十分密切的關係，很難把它們截然分開」[13]，
因此，本章擬訂「雙向細目表」時，也將依從「語言」的結構
來分類，而將「言語」混同併入。

　　傳統語言學把「語言」系統分為「語音」、「語匯」、「語法」，
現代語言學則把語言系統分為「語音」、「語義」、「語法」，「其
實，這兩種三分法都是不全面的」，「實際上，語音與語義是一
對，是形式與內容的關係；語匯與語法是一對，是符號與組合
的關係。所以，應該把語言系統分為語音、語義、語匯、語法
四部分。應該指出，這種四分法仍然是從兩個不同角度畫分出
來的，所以相互之間有交叉。語匯既涉及語音形式，也涉及語
義內容；語法也涉及語音形式和語義內容。語匯與語義雖然有
交叉，但不能相互替代，因為語匯不能完全包括語義，語義也
不能完全包括語匯。」[14]

　　此外也有將「修辭」獨立出來的看法：「現代漢語，作為一
門學科，包括語音、文字、詞匯、語法、修辭等五個方面的內

[12] 李宇明，《理論語言學教程》（武昌：華中師範大學出版社，2004 年），頁
66-67。

[13] 岑運強主編，《語言學概論》（北京：中國人民大學出版社，2003 年），頁
27。

[14] 李宇明，《理論語言學教程》（武昌：華中師範大學出版社，2004 年），頁
114。

容」,「修辭是研究語言三要素語音、語法、詞匯的綜合運用,更好地提高語言表達效果的學科」[15]。

所以,為了分類上的方便,本章在擬訂「雙向細目表」時,「語言」領域將分為「語音」、「文字」、「詞匯」、「語義」、「語法」、「修辭」六個類目,但必須強調的是,這六類也絕非截然畫分,而且往往互有重疊。

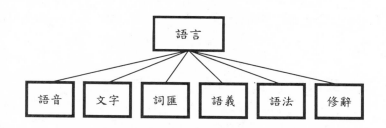

然而無論是教學目標或測驗內容,考生被要求的都不是通曉「語言學」知識,而是對「本國語言」這套語言系統的熟悉。例如「文字」,測試的重點在於「書寫文章時能用字正確,不要寫錯別字」,而不是「東漢許慎《說文解字》對『六書』的定義為何?」、「『象形』字分為哪幾種?」……之類的專業知識。

課程標準「教材綱要」所列的「應用文」項目,其實包含了兩部分的學習:一是文體格式,例如公文、書信、履歷表的結構;二是針對特定交際場合,應如何遣詞才算合禮得體、恰如其分,例如柬帖、信封、題辭的用語。後者無疑屬於「修辭」方面的問題,前者則可以視為「文體」知識。

---

[15] 全國外語院系「語法與修辭」編寫組,《語法與修辭》(南寧:廣西教育出版社,2002 年),頁 5、256。

最後，「語言能力」是包括「輸入」（聽、讀）和「輸出」（說、寫）兩種形式的，但有時為了說明上的方便，「語言知識與語言運用」限於「輸入」，而於「輸出」方面另行研製「寫作能力」指標，本章的「雙向細目表」則擬在「語言」領域之下區分「理解」與「表達」兩部分，兼顧理論與實際。雖然目前的「四技二專統一入學測驗國文科」沒有「寫作」測驗，但職業學校國文課程標準明白揭示「閱讀」與「寫作」是齊頭並進的，因此在檢核「內容效度」時，「輸入」和「輸出」仍不可偏廢。

二、雙向細目表

「雙向細目表」的編製，採用 L. W. Anderson 和 D. R. Krathwohl 等人於 2001 年對舊版「Bloom 認知領域教育目標分類」重新修訂的架構，橫軸為「認知歷程向度」（Cognitive Process Dimension），縱軸為「知識向度」（Knowledge Dimension），兩者的區分，明確以「認知歷程向度」為「動詞」，「知識向度」為「名詞」[16]，每一項目並舉適當例題[17]，做為輔助說明。

「雙向細目表」的「知識向度」基本架構如表 3-4：

---

[16] 葉連祺、林淑萍，〈布魯姆認知領域教育目標分類修訂版之探討〉，《教育研究月刊》105 期（2003 年 1 月），頁 101。

[17] 例題以四技二專統一入學測驗國文科試題為優先選擇，若該考科無適當例題，則自大學學科能力測驗、指定科目考試之國文考科選擇例題。

表 3-4

語言領域	理解	語音
		文字
		詞匯
		語法
		修辭
		語義
	表達	
文學領域		
文化領域		

由於「四技二專統一入學測驗國文科」並無「寫作」測驗，雖說自 91 學年度起的試題皆設有「語文表達能力測驗」這個大題，但因為不是讓考生主動進行審題構思、遣詞造句的「表達」，在性質上仍屬「理解」，故「語言領域」之「表達」部分暫不擬訂細目。

（一）語言領域

（1）語音

		認知歷程向度					
知識向度		記憶	了解	應用	分析	評鑑	創作
1-1 常用字的讀音（事實知識）							
1-2 雙聲、疊韻（概念知識）							

【1-1 例題】

下列「」內字的注音，何者錯誤？[18]

(A)因故罷「黜」：ㄔㄨˋ　　　　(B)巧「拙」有素：ㄓㄨㄛˊ

(C)左支右「絀」：ㄔㄨˋ　　　　(D)咄「咄」逼人：ㄓㄨㄛˊ

【1-2 例題】

下列「」內的詞，何者屬於「疊韻」？[19]

(A)宇宙「洪荒」　　　　(B)風雨「飄搖」

(C)相互「謾罵」　　　　(D)長期「醞釀」

（2）文字

知識向度	認知歷程向度					
	記憶	了解	應用	分析	評鑑	創作
2-1 常用字的字形（事實知識）						
2-2 象形、會意、形聲等基本造字原則（概念知識）						

【2-1 例題】

下列各成語「」內的字，何者誤用？[20]

(A)一見「鍾」情　　　　(B)三餐不「繼」

(C)金榜「提」名　　　　(D)追根究「柢」

---

[18] 91 學年度四技二專統一入學測驗國文科試題，第 1 題，答案為(D)。

[19] 91 學年度四技二專統一入學測驗國文科試題，第 3 題，答案為(B)。

[20] 92 學年度四技二專統一入學測驗國文科試題，第 40 題，答案為(C)。

【2-2 例題】

「鼎」的原始字形有「🐱」或「🐱」，畫的就是古人所用的深底鍋，所以在「六書」上屬於「＿＿＿」。[21]

(A)象形　　　　(B)指事　　　　(C)會意　　　　(D)形聲

（3）詞彙

詞彙知識中有關「語法」、「語義」的部分，將在「語法」、「語義」項下呈現，此處主要是詞彙系統的認識。例如從詞的結構類型來看，可分為由一個語素[22]構成的單純詞（如聯綿詞）和由兩個或兩個以上語素構成的合成詞；從意義來看，可分為同義詞、反義詞、上義詞、下義詞、褒義詞、貶義詞等；從功能來看，可分為專業詞彙、非專業詞彙、口語詞彙、書面語詞彙等；從來源上看，可分為古舊詞、新造詞、方言詞、外來詞等[23]。

---

[21] 92 學年度四技二專統一入學測驗國文科試題，第 10 題，答案為(A)。

[22] 「語素是語言中最小的音義結合單位。……舉例來說，「農民」中的「農」和「民」單獨看都有自己的意義，而且是不能再繼續分解的最小單位，所以是兩個語素。而「蜘」、「蛛」單獨來看沒有任何意義，只有把它們合在一起成為「蜘蛛」才有意義，所以「蜘蛛」是一個語素而不是兩個語素。」參閱岑運強主編，《語言學概論》（北京：中國人民大學出版社，2003 年），頁 115。

[23] 參閱岑運強主編，《語言學概論》（北京：中國人民大學出版社，2003 年），頁 122-129。

知識向度	認知歷程向度					
	記憶	了解	應用	分析	評鑑	創作
3-1 詞彙系統中的重要詞聚（概念 知識）						

【3-1 例題 a】

下列各組成語，何者意義<u>相反</u>？[24]

(A)一日千里／突飛猛進　　　　(B)露才揚己／韜光養晦

(C)出類拔萃／頭角崢嶸　　　　(D)眾口鑠金／三人成虎

【3-1 例題 b】

甲、總統直選，全民做「頭家」

乙、向歷史負責，為將來「打拼」

丙、選戰花招讓大家看得「霧煞煞」

丁、商品一律七折，特賣會場「搶搶滾」

戊、天王巨星登場，魅力果然「紅不讓」

己、黃小姐受到驚嚇，「歇斯底里」地衝出屋外

上列文句「 」內的詞彙，皆屬目前常見，其中來自閩南方言的

是：[25]

(A)甲乙丙丁　　　　　　　(B)甲丙丁戊

(C)甲乙丙丁戊　　　　　　(D)甲丙丁戊己

---

[24] 91 學年度四技二專統一入學測驗國文科試題，第 13 題，答案為(B)。

[25] 87 學年度大學學科能力測驗國文考科試題，第 13 題，答案為(A)。

【3-1 例題 c】

語文中常見以「人體部位」為喻的詞彙，取義各有不同。例如「他是我的心肝」，是以「心肝」比喻「珍視、疼惜的人」。下列文句「」內的人體譬喻詞，是取「距離極近」之義的選項是：[26]

(A)段考已經迫在「眉睫」，他還忙著玩樂

(B)這件事進行到現在，總算有點「眉目」了

(C)沒想到是他的秘書陷害他，真是變生「肘腋」

(D)憑著他高明的「手腕」，總算平息公司內部的紛爭

(E)劉備視諸葛亮為「股肱」大臣，軍國大事都向他諮詢

（4）語法

「語法」就是「詞語的組合規則」[27]，包括詞法、句法、篇章語法。

知識向度	認知歷程向度					
	記憶	了解	應用	分析	評鑑	創作
4-1 常用標點符號（事實知識）						
4-2 基本詞類（概念知識）						
4-3 常用語氣和語態（概念知識）						
4-4 常見的詞組構成方式（概念知						

---

[26] 92 學年度大學學科能力測驗國文考科試題，第 21 題，答案為(A)、(C)。

[27] 李宇明，《理論語言學教程》（武昌：華中師範大學出版社，2004 年），頁 128。

識）					
4-5 常見的句子構成方式（概念知識）					
4-6 銜接句子組成語段的方式[28]（概念知識）					

【4-1 例題】

閱讀下文，並依序為甲、乙、丙、丁處選擇恰當的標點符號。[29]
想要體驗不同於台灣民宿的渡假風情，請到馬祖（甲）那裡沒
有台灣流行的歐式木屋，但亂石砌的石頭房子，卻簡單整潔。
每個小小的窗子（乙）都是一個海天孤島或聚落風景的相框（丙）
屋外則有潮音（丁）星子與海風相伴。選擇到北竿、南竿二島
渡假，遊趣大不相同。
(A)！／；／。／——　　　　(B)，／：／。／、
(C)！／，／，／、　　　　　(D)，／，／，／。

【4-2 例題】

下列文句中的「之」字，用作「代名詞」的有：[30]
海之魚，有烏賊其名者，呴水而水烏。戲於岸間，懼物之窺己
也，則呴水以自蔽，海鳥疑而視之，知其魚而攫之。
(A)1 個　　　　(B)2 個　　　　(C)3 個　　　　(D)4 個

---

[28] 「語段是由語義上若干相互聯繫的若干句子，圍繞一個語義中心組織起來的句子的組合，又稱句群、句組、句段、語篇、篇章、超句體等。」李宇明，《理論語言學教程》（武昌：華中師範大學出版社，2004 年），頁 152。
[29] 94 學年度四技二專統一入學測驗國文科試題，第 39 題，答案為(C)。
[30] 92 學年度四技二專統一入學測驗國文科試題，第 14 題，答案為(B)。

【4-3 例題 a】

下列文句，使用「被動式」的選項是：[31]

(A)百姓不見保，爲不用恩焉

(B)里語曰：家有敝帚，享之千金，斯不自見之患也

(C)子夏既除喪而見，予之琴，和之不和，彈之而不成聲

(D)古人之目短於自見，故以鏡觀面；智短於自知，故以道正己

【4-3 例題 b】

下列文句，使用「祈使語氣」的選項是：[32]

(A)願陛下矜愍愚誠，聽臣微志，庶劉僥倖，保卒餘年

(B)當獎率三軍，北定中原，庶竭駑鈍，攘除奸凶，興復漢室，
還於舊都

(C)臣亡國賤俘，至微至陋，過蒙拔擢，寵命優渥，豈敢盤桓，
有所希冀

(D)重念蒙君實視遇厚，於反覆不宜鹵莽，故今具道所以，冀君
實或見恕也

(E)錄大辟囚三百餘人，縱使還家，約其自歸以就死，是以君子
之難能，期小人之尤者以必能也

【4-4 例題】

「一本萬利」一詞，指「一個資本可賺進萬倍利潤」，構詞時省
略動詞「賺」，僅以「一本」、「萬利」並列組成。下列成語，何

---

[31] 87 學年度大學入學考試國文科試題，第 10 題，答案爲(A)。

[32] 85 學年度大學暨獨立學院夜間部入學考試國文科試題，第 15 題，答案爲
(A)、(B)、(D)。

者<u>不屬於</u>這種構詞方式？[33]

(A)一唱三嘆　　　　　　(B)一日千里

(C)一石二鳥　　　　　　(D)一目十行

【4-5 例題】

下列何者<u>不是</u>倒裝句？[34]

(A)吾誰與歸　　　　　　(B)位卑則足羞

(C)唯兄嫂是依　　　　　(D)不患人之不己知

【4-6 例題 a】

下列是一段拆散了的現代散文，請依文意選出排列順序最恰當的選項：[35]

「這裡的人們，　（甲）<u>海洋是難懂得多了，</u>　（乙）<u>比起那些書來，</u>　（丙）<u>可是，他們卻能夠讀懂海洋，</u>　（丁）<u>也許不一定都會讀懂那些厚部頭書，</u>　而這裡的人們卻有能力消化它。」（張騰蛟〈地方誌〉）

(A)乙甲丁丙　　　　　　(B)乙丁丙甲

(C)丁乙甲丙　　　　　　(D)丁丙乙甲

【4-6 例題 b】

閱讀下列文字，選出最適合填入□的詞語：[36]

□□正視問題的癥結，勇於取捨，□□從困境中超越出來，□

---

[33]　93 學年度四技二專統一入學測驗國文科試題，第 17 題，答案為(A)。

[34]　92 學年度四技二專統一入學測驗國文科試題，第 16 題，答案為(B)。

[35]　91 學年度四技二專統一入學測驗國文科試題，第 23 題，答案為(D)。

[36]　92 學年度四技二專統一入學測驗國文科試題，第 43 題，答案為(A)。

□滾雪球似的，造成惡性循環。

(A)唯有／才能／以免　　　　(B)唯有／否則／以免

(C)除非／以致／才能　　　　(D)除非／才能／以致

（5）修辭

知識向度	認知歷程向度					
	記憶	了解	應用	分析	評鑑	創作
5-1 常見修辭格（事實知識）						
5-2 符合交際場合的得體文辭（概念知識）						
5-3 文句通順化（概念知識）						
5-4 文句簡潔化（概念知識）						

【5-1 例題】

下列文句，何者<u>沒有</u>使用<u>譬喻</u>？[37]

(A)一顆星子懸在科學館的飛簷，耳墜子一般地懸著

(B)當愛情不再長出新的嫩芽，回憶只是逐漸沉淪的晚霞

(C)我的付出全都要不到回音，悔恨就像是綿延不斷的丘陵

(D)我敏感地數著那潮水的速度，想像岸上幾盞捕魚人的風燈在殘星下明滅

---

[37] 93 學年度四技二專統一入學測驗國文科試題，第 17 題，答案為(D)。

【5-2 例題 a】

下列祝賀題辭的使用，何者正確？[38]

(A)「弄璋之喜」賀生子　　　(B)「絳帳春風」賀結婚

(C)「喬遷之喜」賀長官高升　(D)「業紹陶朱」賀醫院開張

【5-2 例題 b】

新聞報導的第一要義是儘可能以客觀的態度呈現事實，不宜加入太多主觀的評斷，也不宜誇張不實。下列報導文字，與上述要義<u>不符</u>的選項是：[39]

(A)台灣地區自十二月起，東北季風逐漸增強，這也是每年酸雨最嚴重的季節，膚質較敏感的民眾應該攜帶雨具，以免引起皮膚不適

(B)世紀末美國總統大選，選戰空前激烈，小布希和高爾票數不相上下，這麼緊張的氣氛，把佛羅里達州州長住家牆上的漆都給溶化了

(C)根據本臺可靠的消息來源，政壇緋聞案的主角有直逼層峰的態勢。想知道更勁爆的內幕，請讓心臟停止三分鐘，廣告之後，我們馬上回來

(D)近來，為了賺取金錢而從事「援助交際」的青少年日益增加，教育團體對此感到憂心，籲請社會共同注意青少年價值觀受到扭曲的危機

(E)奇萊山發生空前絕後、駭人聽聞的山難，截至目前為止，已知有兩人重傷，一人輕傷，一人下落不明，英勇熱心的救難

---

[38] 93 學年度四技二專統一入學測驗國文科試題，第 21 題，答案為(C)。

[39] 92 學年度大學學科能力測驗國文考科試題，第 24 題，答案為(B)、(C)、(E)。

隊已經進入山區搜救，相信不久之後，就會傳來令人賞心悅
目的畫面

【5-3 例題】

閱讀下列文字，選出最適合填入□的詞語：

我剛進大學的時候，有兩位年老的圖書管理員笑咪咪地告訴
我，他們能從一年級學生的借書卡上預測這些學生將來的成
就，幾乎是□□□□。[40]

(A)百試不爽　　　　(B)無一倖免
(C)牛刀小試　　　　(D)如數家珍

【5-4 例題】

下列畫線的語詞，何者是明顯多出來的贅詞？[41]

今年二月五日，臺灣（甲）<u>當日</u>的報紙，首次經由金廈「小三
通」（乙）<u>航線</u>途徑（丙）<u>正式</u>在廈門登陸。有了直航快遞，
此後當地訂閱臺灣報紙的用戶，（丁）<u>肯定</u>會直線上升。

(A)甲　　　(B)乙　　　(C)丙　　　(D)丁

（6）語義

　　在傳統語言學中，「語義學沒有獨立的地位，語義學的部分
內容，如詞的意義，是放在詞匯學裡的」，直到二十世紀五〇年
代，「以義素分析和語義場理論的產生為標誌，語義學才成為一

---

[40] 92 學年度四技二專統一入學測驗國文科試題，第 47 題，答案為(B)。
[41] 92 學年度四技二專統一入學測驗國文科試題，第 44 題，答案為(B)。

門相對獨立的學科」[42]。「語義」可分爲「語言意義」和「言語意義」。「語言意義」是詞語在語言系統中一般的、固有的意義，它能脫離言語環境獨立存在，貯存在人們的腦中或記錄在詞典裡。然而一個詞語或句子，在未進入具體的、特定的言語環境前，很難確定其真正的含義，只有在具體的、特定的環境下運用，才會轉化爲比較確定的「言語意義」，所以，「言語意義」是在交際表達中的意義[43]。

　　試題讓考生判讀的，有屬「語言意義」者，然大多是「言語意義」。另外要注意的是，記住某一個「詞」的意義，或可視爲「事實知識」；但看懂一個「句子」、一個「語段」的意義——例如了解「不到峨嵋不看山，並不正確；一路看山到峨嵋，才是生活的態度」這個句子，暗示我們「人生重要的是過程，不是結果」——其實就既非「事實知識」，也非「概念知識」了。「語義學」的知識應該是像何謂「義素」[44]（事實知識）、語義分爲哪七種類型[45]（概念知識）、……等，但這些絕不會拿來測

---

[42] 李宇明，《理論語言學教程》（武昌：華中師範大學出版社，2004 年），頁 95。

[43] 參閱李宇明，《理論語言學教程》（武昌：華中師範大學出版社，2004 年），頁 91；岑運強主編，《語言學概論》（北京：中國人民大學出版社，2003 年），頁 79-80。

[44] 「義素是構成義項的語義成分，是從一組相關的詞語中抽象出來的區別性語義特徵，又叫語義成分、語義特徵、語義標示、語義原子。……如『男人』這個義項可以分析爲『男性、成年、人』，其中『男性』、『成年』、『人』就是三個義素。」參閱李宇明，《理論語言學教程》（武昌：華中師範大學出版社，2004 年），頁 98。

[45] 「英國著名語義學家利奇把意義分成七種類型：概念意義、內涵意義、風格意義、感情意義、聯帶意義、搭配意義、主題意義」。參閱岑運強主編，《語言學概論》（北京：中國人民大學出版社，2003 年），頁 81。

驗高中職的學生，與「詞彙」會考「聯緜詞」的認知、「語法」
會考「代名詞」的認知是不一樣的。

　　此外，雖然可以將語義的理解區分為「詞」、「句」、「語段」
等單元，但由於理解過程無法迴避「解釋的循環」──「整體
只有通過理解它的部分才能得到理解，而部分的理解又只能通
過對整體的理解」[46]，因此一個「語段」的理解其實是來自「語
段」中所有「詞」和「句子」的理解；而除了在不提供語境的
情況下考一個「詞」的解釋，否則「詞」的意義也要靠「句子」
或「語段」來確定。

知識向度	認知歷程向度					
	記憶	了解	應用	分析	評鑑	創作
6-1 詞義的演變（事實知識）						
6-2 詞的意義（事實知識）						
6-3 句子的意義						
6-4 語段的意義						

【6-1 例題 a】

**語言之詞義會因時間而產生變化。下列各組語詞中，古今詞義
已有改變的選項是：**[47]

(A)略「遜」一籌／他唱的歌「遜」斃了

(B)「酷」吏列傳／酷哥辣妹競相比「酷」

(C)言語得「當」／那門功課不幸被「當」

---

[46] 殷鼎，《理解的命運》（台北：東大圖書公司，1990 年），頁 140。

[47] 88 學年度大學學科能力測驗國文考科試題，第 17 題，答案為(B)、(C)、(E)。

(D)爭相「閃」避／情形不對，趕緊「閃」人

(E)「凱」旋榮歸／他今天心情好，出手很「凱」

【6-1 例題 b】

古代文句常因時空轉變而產生新意。有關下列名句的敘述，正確的選項是：[48]

(A)現代常以「醉翁之意不在酒」喻人另有企圖，但歐陽修〈醉翁亭記〉原謂其所醉者乃在山水之間

(B)現代常以「君子遠庖廚」表示男人不必下廚，但《孟子・梁惠王上》原是指君子不忍聞見殺生

(C)現代常以「割雞焉用牛刀」喻人大材小用，但《論語・陽貨》中，孔子原是以此告誡弟子無須從政

(D)現代常以「青出於藍」喻學生的成就高於老師，但《荀子・勸學》原是藉此說明學習有助於能力的提升

(E)現代常以「牛山濯濯」喻人禿頂無髮，但《孟子・告子上》原是以牛山無木係肇因於人為砍伐，比喻人之為惡乃放失良心所致

【6-2 例題】

下列文句「」內的詞，何者不是指短暫的時間？[49]

(A)「已而」，夕陽在山，人影散亂

(B)居「有頃」，倚柱彈其劍，歌曰：長鋏歸來乎

(C)「少焉」，月出於東山之上，徘徊於斗牛之間

---

[48] 90 學年度大學入學考試國文科試題，第 22 題，答案為(A)、(B)、(D)、(E)。

[49] 93 學年度四技二專統一入學測驗國文科試題，第 4 題，答案為(D)。

(D)受任於敗軍之際，奉命於危難之間，「爾來」二十有一年矣

【6-3 例題】

下列文句，何者<u>沒有</u>「兩相比較，後者為佳」的涵義？[50]

(A)禮，與其奢也，寧儉

(B)天涯何處無芳草，何必單戀一朵花

(C)與其詛咒黑暗，不如點起一支蠟燭

(D)與其從辟人之士也，孰若從辟世之士哉

【6-4 例題】

「有的還很新，有的已經破損，或者字跡模糊，或者在折縫處已經開了口。新的，他當然喜歡，可是最痛惜的，還是那些舊的、破的、用原子筆劃滿了記號的，只有<u>它們</u>才了解，他闖過哪些城，穿過哪些鎮，在異國的大平原上囈過多少州多少郡的空寂。」上列這段文字中的「它們」，最有可能指的是：[51]

(A)報紙　　　(B)地圖　　　(C)護照　　　(D)相簿

（二）文學領域

知識向度	認知歷程向度					
	記憶	了解	應用	分析	評鑑	創作
7-1 重要作家（事實知識）						
7-2 重要作品（事實知識）						

---

[50] 93 學年度四技二專統一入學測驗國文科試題，第 15 題，答案為(B)。

[51] 91 學年度四技二專統一入學測驗國文科試題，第 21 題，答案為(B)。

7-3 重要應用文（事實知識）							
7-4 重要文學體類（概念知識）							
7-5 文學基本要素（概念知識）							
7-6 敘述手法與細節布置（概念知識）							
7-7 作品的風格（概念知識）							

【7-1 例題】

下列人物，何組不應列入「臺灣現代文學作家」傳記？[52]

(A)梁實秋、陳之藩　　　　　　(B)琦君、張曉風

(C)鄭愁予、余光中　　　　　　(D)徐志摩、朱光潛

【7-2 例題】

下列為某部古典小說第二十一回的開場詩，依詩意判斷，此部小說應是：[53]

宋代運祚將傾覆，四海英雄起寥廓。流光垂象在山東，天罡上應三十六。瑞氣盤旋繞鄆城，此鄉生降宋公明。……他年自到梁山泊，綉旗影搖雲水濱。替天行道呼保義，上應玉府天魁星。

(A)《西遊記》　　　　　　　　(B)《水滸傳》

(C)《七俠五義》　　　　　　　(D)《三國演義》

---

[52] 92 學年度四技二專統一入學測驗國文科試題，第 27 題，答案為(D)。

[53] 92 學年度四技二專統一入學測驗國文科試題，第 24 題，答案為(B)。

【7-3 例題】

下列何者是公文程式的<u>最新</u>變革？[54]

(A)採用由左而右橫式書寫

(B)公文文字應加具標點符號

(C)得以電子文件傳送

(D)一律採用主旨、說明二段敘述

【7-4 例題】

下列是某位考生針對「韻文」所做的歸納整理，其中正確的選項是：[55]

(A)襯字：古詩、近體詩沒有襯字，散曲有襯字

(B)對仗：古詩不一定要有，近體詩則一定要有

(C)押韻：賦可以頻頻換韻，近體詩通常一韻到底

(D)每句字數：古詩是四言，近體詩是五言或七言

(E)句內平仄：近體詩、詞都講究，賦、散曲不講究

【7-5 例題】

在歌詞「天空不要為我掉眼淚」中，天空原只是「下雨」，卻被說成「掉淚」，是因為人們把自己傷心的情緒投射於天空，透過這種「移情作用」，原本並無情緒的事物，在人們眼中遂產生情緒。下列文句，具有「移情作用」的選項是：[56]

(A)感時花濺淚，恨別鳥驚心

(B)不義而富且貴，於我如浮雲

---

[54] 94 學年度四技二專統一入學測驗國文科試題，第 20 題，答案為(A)。

[55] 93 學年度大學指定科目考試國文考科試題，第 29 題，答案為(A)、(C)。

[56] 90 學年度大學入學考試國文科試題，第 24 題，答案為(A)、(C)、(D)、(E)。

(C)住近湓江地低濕，黃蘆苦竹繞宅生。其間旦暮聞何物？杜鵑
啼血猿哀鳴

(D)但我不能放歌／悄悄是別離的笙簫／夏蟲也爲我沉默／沉
默是今晚的康橋

(E)我總是聽到這山岡沉沉的怨恨／最初的飄泊是蓄意的／怎能
解釋多少聚散的冷漠

【7-6 例題 a】

下列四篇文章的開頭，何者不是使用「開門見山」的破題法？[57]

(A)〈勸學〉：「君子曰：學不可以已……」

(B)〈諫逐客書〉：「臣聞吏議逐客，竊以爲過矣……」

(C)〈六國論〉：「六國破滅，非兵不利、戰不善，弊在賂秦……」

(D)〈過秦論〉：「秦孝公據殽、函之固，擁雍州之地，君臣固守，
以窺周室……」

【7-6 例題 b】

下列有關人物說話技巧的敘述，正確的選項是：[58]

(A)齊湣王對孟嘗君說：「寡人不祥，被於宗廟之祟，沉於諂諛
之臣，開罪於君。」是欲以「諉過先王」的方式，取得孟嘗
君對他罷免其相位的諒解

(B)紅拂問明虬髯客姓「張」後，隨即說：「妾亦姓張，合是妹。」
是欲以「結爲兄妹」的方式，抑制虬髯客的愛慕之意，並消
除李靖因此所產生的不滿

---

[57] 92 學年度四技二專統一入學測驗國文科試題，第 28 題，答案爲(D)。

[58] 90 學年度大學入學考試國文科試題，第 25 題，答案爲(A)、(B)、(D)、(E)。

(C)燭之武對鄭文公說：「臣之壯也，猶不如人；今老矣，無能為也已。」是以坦承自己「技不如人」的謙遜，避免鄭文公因為過去未曾重用他而感到內疚

(D)劉老老向眾人說：「我雖老了，年輕時也風流，愛個花兒粉兒的，今兒索性做個老風流！」是以「調侃自己」的方式，將鳳姐插了她滿頭花的捉弄轉化成詼諧的笑料

(E)劉邦請項伯轉告項羽：「吾入關，秋毫不敢有所近，籍吏民，封府庫，而待將軍。所以遣將守關者，備他盜之出入與非常也。」是以「甘為前鋒」的姿態，降低項羽對他的敵意

【7-7 例題 a】

某次國文課，老師希望同學們參考下列資料，在李白、杜甫的作品中尋找可以和文中「大」與「重」的領悟相印證的詩句，則(A)(B)(C)(D)四位同學所提出的詩句，何者<u>最不符合</u>？[59]

中國的藝術總是說「重、大、拙」三原則，我總是覺得相反。……但詩讀久了逐漸悟到：李白的「大」，杜甫的「重」、陶潛的「拙」，我才對重、大、拙略有領悟。（陳之藩〈把酒論詩〉）

(A)李白：「相攜及田家，童稚開荊扉。綠竹入幽徑，青蘿拂行衣」

(B)杜甫：「國破山河在，城春草木深。感時花濺淚，恨別鳥驚心」

(C)李白：「天台四萬八千丈，對此欲倒東南傾。我欲因之夢吳越，一夜飛度鏡湖月」

(D)杜甫：「萬里悲秋常作客，百年多病獨登臺。艱難苦恨繁霜

鬢，潦倒新停濁酒杯」

【7-7 例題 b】

在這個資訊化的時代，不少中國古籍也已經輸入電腦，使讀者可以藉由「全文檢索系統」迅速地查閱資料。如果我們想利用「《全唐詩》全文檢索系統」蒐羅以田園生活為題材的唐代詩歌，則輸入下列選項中哪一組詞彙，可以最快找到相關作品？[60]

(A)黃沙、絕漠、瀚海、胡塵
(B)柴門、荊扉、墟里、幽篁
(C)西崑、東溟、鍾山、瑤臺
(D)玉階、綺窗、簾鉤、畫閣

（三）文化領域

知識向度	認知歷程向度					
	記憶	了解	應用	分析	評鑑	創作
8-1 儒家及其他重要思想的基本主張（事實知識）						
8-2 普通文化常識（事實知識）						

【8-1 例題 a】

某網站想設計一個虛擬的高峰會，分別就「甲、權威式管理最具成效」和「乙、啟發式管理最具成效」兩項主題，各找一位

---

[60] 88 學年度大學學科能力測驗國文考科試題，第 17 題，答案為(B)、(C)、(E)。

思想背景相契的古人來闡述,則最恰當的人選應是:[61]

(A)甲:孔子;乙:韓非

(B)甲:韓非;乙:孔子

(C)甲:孟子;乙:莊子

(D)甲:莊子;乙:孟子

【8-1 例題 b】

下圖為某搜尋引擎的查詢記錄,若點選這三個檢索詞,則所搜尋出的文獻資料,最可能的交集對象是:[62]

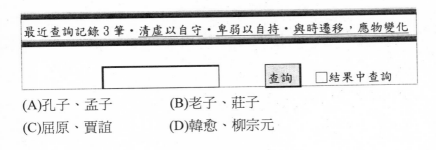

最近查詢記錄 3 筆‧清虛以自守‧卑弱以自持‧與時遷移,應物變化

[查詢] □結果中查詢

(A)孔子、孟子　　　　(B)老子、莊子

(C)屈原、賈誼　　　　(D)韓愈、柳宗元

【8-2 例題】

以農曆來說,今年歲次「癸未」,那麼,明年歲次是:[63]

(A)辛巳　　　(B)壬午　　　(C)甲申　　　(D)乙酉

---

[61] 91 學年度四技二專統一入學測驗國文科試題,第 32 題,答案為(B)。

[62] 92 學年度大學指定科目考試國文考科試題,第 3 題,答案為(C)。

[63] 92 學年度四技二專統一入學測驗國文科試題,第 23 題,答案為(C)。

第四章　試題的品質分析

　　試題的「品質分析」（qualitative analysis），主要是進行「內容效度」（content validity）的評鑑。所謂「效度」（validity），是指「測驗分數能夠代表它所要測量之能力或潛在特質的程度，或測驗能達到其編製目的的程度」[1]，簡單來說就是「測驗的正確性」[2]。「效度」的種類很多，一般分為三類[3]：

表 4-1

類型	意義	考驗方法
內容效度	測驗內容能否充分代表其所欲測量的行為領域。	比較測驗的材料和所欲測量的教學目標及教材內容是否一致。
效標關聯效度	測驗成績對目前及未來某一行為表現預測力的高低。	求測驗分數與其他測驗成績之相關。其他測驗成績如在同時測量則為同時效度，如在往後測量則為預測效度。
建構效度	測驗的成績能以心理學的屬性來加以解釋的程度。	建立理論架構，以解釋個體在測驗上的表現；根據理論架構推演出各種假設；收集資料考驗假設是否成立。

---

[1] 余民寧，《教育測驗與評量——成就測驗與教學評量》（台北：心理出版社，2004 年），頁 294。

[2] 王孝玲，《教育測量》（上海：華東師範大學出版社，2002 年），頁 17。

[3] 陳英豪、吳裕益，《測驗與評量》（高雄：復文圖書出版社，1995 年），頁 383。

本章預備探討的「內容效度」，是指「測驗內容的代表性或取樣的適切性」[4]，例如「教師給學生做一份國語文成就測驗，若該測驗的試題涵蓋國語文教學所要達成的各項教學目標及教材的重要內容，則我們便說該測驗具有國語文的內容效度」[5]。

「內容效度」的確定，「主要是採用邏輯的分析方法，仔細判斷每一個題目是否符合教材內容與教學目標」，亦即「根據教材內容與教學目標所建立的雙向細目表（two-way specification table），可用來判斷測驗的內容效度」[6]。

本研究於第三章第三節，已預先建立一個「雙向細目表」，本章即以之為依據，來檢核 90 學年度至 94 學年度「四技二專統一入學測驗國文科」試題的「內容效度」。

第一節
試題在知識向度與認知歷程效度的分布

本節依據第三章所建立的「雙向細目表」，針對 90 學年度至 94 學年度「四技二專統一入學測驗國文科」的五份試卷、計

---

[4] 郭生玉，《心理與教育測驗》（台北：精華書局，1995 年），頁 92。

[5] 余民寧，《教育測驗與評量——成就測驗與教學評量》（台北：心理出版社，2004 年），頁 299。

[6] 郭生玉，《心理與教育測驗》（台北：精華書局，1995 年），頁 93。余民寧則認為「內容效度」的建立，除了「邏輯分析方法」之外，也可以用「實證的分析方法」，故建議採 Aiken 的「內容效度係數的計算公式」，將「內容效度」以數量來表示。參見余民寧，《教育測驗與評量——成就測驗與教學評量》（台北：心理出版社，2004 年），頁 300-301。

255 題進行逐題檢核，各題以「學年度—題號」進行編碼，例如 90 學年度的第 1 題爲「90001」，以此類推。

（一）90 學年度試題

表 4-2

知識向度				認知歷程向度					
				記憶	了解	應用	分析	評鑑	創作
語言	理解	語音	常用字的讀音	90001 90002					
			雙聲、疊韻						
		文字	常用字的字形	90003 90004 90005 90007 90042					
			象形、會意、形聲等基本造字原則						
		詞彙	詞彙系統中的重要詞聚		90019				
		語法	常用標點符號						
			基本詞類	90006 90009					
			常用的語氣和語態						

			常見的詞組構成方式	90022 90027				
			常見的句子構成方式					
			銜接句子組成語段的方式					
		修辭	常見修辭格		90045			
			符合交際場合的得體文辭	90039		90034		
			文句通順化			90029 90030 90031 90032		
			文句簡潔化					
		語義	詞義的演變					
			詞的意義	90008 90010 90015 90019 90024 90026 90028 90033 90036 90050	90014	90035		

		句子的意義		90013			
				90020			
				90021			
				90041			
				90043			
				90046			
		語段的意義		90011			
				90012			
				90017			
				90037			
				90040			
	表達						
文學		重要作家	90044				
			90052				
		重要作品	90016				
			90025				
			90047				
			90048				
			90051				
			90054				
		重要應用文	90038				
			90053				
		重要文學體類	90055				
		文學基本要素					

			敘述手法與細節布置						
			作品的風格						
文化			儒家及其他重要思想的基本主張	90023 90049					
			普通文化常識						

（二）91學年度試題

表4-3

知識向度				認知歷程向度					
				記憶	了解	應用	分析	評鑑	創作
語言	理解	語音	常用字的讀音	91001 91002					
			雙聲、疊韻	91003					
		文字	常用字的字形	91005 91006 91007					
			象形、會意、形聲等基本造字原則			91004			
		詞彙	詞彙系統中的重要詞聚		91012 91013				
		語法	常用標點符號			91008			
			基本詞類						
			常用的語氣和語態						

		常見的詞組構成方式		91022		
		常見的句子構成方式		91026		
		銜接句子組成語段的方式			91023 91043	
	修辭	常見修辭格		91024 91025 91041		
		符合交際場合的得體文辭	91027			
		文句通順化			91044 91046 91047 91049 91050	
		文句簡潔化			91042 91048	
	語義	詞義的演變				
		詞的意義	91009 91010 91011	91016 91035 91039	91045	

		句子的意義	91014				
			91015				
			91019				
			91040				
		語段的意義	91017	91036			
			91018	91037			
			91020	91038			
			91021				
	表達						
文學		重要作家	91034				
		重要作品	91029				
			91030				
			91031				
		重要應用文	91028				
		重要文學體類	91033				
		文學基本要素					
		敘述手法與細節布置					
		作品的風格					
文化		儒家及其他重要思想的基本主張		91032			
		普通文化常識					

（三）92學年度試題

表4-4

知識向度				認知歷程向度					
				記憶	了解	應用	分析	評鑑	創作
語言	理解	語音	常用字的讀音	92001 92002					
			雙聲、疊韻						
		文字	常用字的字形	92040 92041 92042					
			象形、會意、形聲等基本造字原則		92010				
		詞匯	詞彙系統中的重要詞聚						
		語法	常用標點符號						
			基本詞類		92014 92015				
			常用的語氣和語態						
			常見的詞組構成方式						
			常見的句子構成方式		92016 92022				

		銜接句子組成語段的方式			92017 92019 92043			
	修辭	常見修辭格		92013 92020		92018		
		符合交際場合的得體文辭	92021 92025 92026					
		文句通順化			92045 92046 92047 92048			
		文句簡潔化			92044	92050	92049	
	語義	詞義的演變						
		詞的意義	92003 92004 92005 92006 92007 92011	92032 92035				
		句子的意義						

		語段的意義		92008 92009 92012 92033 92038	92034 92036 92037 92039		
	表達						
文學		重要作家	92027 92030 92031				
		重要作品	92029		92024		
		重要應用文					
		重要文學體類					
		文學基本要素					
		敘述手法與細節布置		92028			
		作品的風格					
文化		儒家及其他重要思想的基本主張					
		普通文化常識	92023				

（四）93 學年度試題

表 4-5

知識向度			認知歷程向度					
			記憶	了解	應用	分析	評鑑	創作
語言	理解	語音	常用字的讀音 93001					
			雙聲、疊韻	93002				
		文字	常用字的字形 93038 93039 93040					
			象形、會意、形聲等基本造字原則					
		詞彙	詞彙系統中的重要詞聚					
		語法	常用標點符號					
			基本詞類	93033				
			常用的語氣和語態					
			常見的詞組構成方式	93016				
			常見的句子構成方式	93019	93022			
			銜接句子組成語段的方式		93020 93050			
		修辭	常見修辭格	93017 93018				

符合交際場合的得體文辭	93021 93047			
文句通順化		93009 93041 93042 93044 93045 93048 93049		
文句簡潔化		93046		
語義　詞義的演變				
詞的意義	93004 93005	93003 93034	93043	
句子的意義		93006 93010		
語段的意義		93007 93008 93011 93012 93015 93026 93027 93028 93031 93035	93013 93014 93029 93030 93032 93036	

表達								
文學	重要作家		93023		93024			
	重要作品			93025				
	重要應用文							
	重要文學體類							
	文學基本要素							
	敘述手法與細節布置							
	作品的風格							
文化	儒家及其他重要思想的基本主張				93037			
	普通文化常識							

（五）94 學年度試題

表 4-6

知識向度			認知歷程向度					
			記憶	了解	應用	分析	評鑑	創作
語言	理解	語音	常用字的讀音	94001 94002				
			雙聲、疊韻					

	文字	常用字的字形	94040 94041 94042				
		象形、會意、形聲等基本造字原則		94025			
	詞彙	詞彙系統中的重要詞聚		94049			
	語法	常用標點符號			94039		
		基本詞類	94016 94038				
		常用的語氣和語態					
		常見的詞組構成方式					
		常見的句子構成方式	94017				
		銜接句子組成語段的方式			94018 94047		
	修辭	常見修辭格	94013 94015 94048				
		符合交際場合的得體文辭					

		文句通順化			94043 94044 94045 94046		
		文句簡潔化					
	語	詞義的演變	94005				
	義	詞的意義	94004	94003			
		句子的意義		94014 94019 94034			
		語段的意義			94006 94007 94008 94009 94010 94011 94012 94023 94028 94029 94030 94031 94033 94035	94036 94037	

表達						
文學	重要作家					
	重要作品	94021 94026 94027		94024 94032		
	重要應用文	94020				
	重要文學體類					
	文學基本要素					
	敘述手法與細節布置					
	作品的風格				94050	
文化	儒家及其他重要思想的基本主張		94022			
	普通文化常識					

第二節　整體的內容效度

　　統計這五年的試題，除了「語言」領域因為「四技二專統一入學測驗國文科」缺乏「寫作」測驗，致使「表達」方面完全沒有試題之外，「理解」方面在「語音」、「文字」、「詞彙」、「語法」、「修辭」、「語義」六類均有試題，各學年度的試題數量如下表：

表 4-7

類	知識向度＼學年度	90		91		92		93		94	
語音	常用字的讀音	2	2	2	3	2	2	1	2	2	2
語音	辨識雙聲、疊韻			1				1			
文字	常用字的字形	5	5	3	4	3	4	3	3	3	4
文字	象形、會意、形聲等基本造字原則			1		1				1	
詞彙	詞彙系統中的重要詞聚	1	1	2	2		0		0	1	0
語法	常用標點符號		4	1	5		7		7	1	6
語法	基本詞類	2				2		1		2	
語法	常用的語氣和語態										
語法	常見的詞組構成方式	2		1		2		2			
語法	常見的句子構成方式			1				2		1	
語法	銜接句子組成語段的方式			2		3		2		2	
修辭	常見修辭格	1	7	3	11	3	13	2	12	3	7
修辭	符合交際場合的得體文辭	2		1		3		2			
修辭	文句通順化	4		5		4		7		4	
修辭	文句簡潔化			2		3		1			
語義	詞義的演變		23		18		17		23	1	22
語義	詞的意義	12		7		8		5		2	
語義	句子的意義	6		4				2		3	
語義	語段的意義	5		7		9		16		16	

「文學」領域五年來共考了 33 題，「文化」領域五年來只考了 6
題，試題分布狀況如下：

表 4-8

知識向度	學年度	90		91		92		93		94	
文學	重要作家	2	**11**	1	**6**	3	**6**	2	**3**		**7**
	重要作品	6		3		2		1		5	
	重要應用文	2		1						1	
	重要文學體類	1		1							
	文學基本要素										
	敘述手法與細節布置					1					
	作品的風格									1	
文化	儒家及其他重要思想的基本主張	2	**2**	1	**1**		**1**	1	**1**	1	**1**
	普通文化常識					1					

依據上列二表，可得如下的檢核結果與建議：

　　（1）90 至 94 學年度「四技二專統一入學測驗國文科」除
了缺乏「寫作」測驗之外，其餘符合「雙向細目表」在「知識
向度」方面的要求。

　　（2）「語言」領域的 216 題，「語音」11 題，佔 5.1%；「文
字」20 題，佔 9.3%；「詞彙」3 題，佔 1.4%；「語法」29 題，
佔 13.4%；「修辭」50 題，佔 23.1%；「語義」103 題，佔 47.7%。

　　（3）「語言」領域的「詞彙」方面出題最少，這其實是大
部分的「詞彙」知識內容若和「語義」、「語法」重疊，已歸入

「語義」、「語法」的關係。但未來仍可以從同義詞、反義詞、上義詞、下義詞、褒義詞、貶義詞、古舊詞、新造詞、方言詞、外來詞……等方向來設計試題。

（4）「語義理解」是「語言」領域中最重要的測驗項目。但從 90 學年度至 94 學年度，可以明顯看出測驗方向從「詞語」意義的理解，逐漸轉移到「語段」意義的理解——90 學年度的試題，「詞語」意義理解佔 12 題，「語段」意義理解佔 5 題；至 93、94 學年度，「詞語」意義理解佔已降到 5 題以下，「語段」意義理解則提高到 16 題。

（5）「文學」領域的試題分布甚不平均，33 題中除了 1 題有關「敘述手法與細節布置」，1 題有關「作品的風格」，其餘 31 題都集中在「重要作家」、「重要作品」、「重要應用文」和「重要文學體類」的知識。未來應參考鄭圓鈴在〈Bloom2001 年版在國語文標準化成就測驗質化分析上的應用〉[7]一文的建議，在命製「閱讀能力測驗」這個大題時，特別針對「文學鑑賞」的測驗指標進行試題規畫，以解決「文學」領域試題偏頗的缺失。

（6）「文學」領域中「重要作家」、「重要作品」、「重要應用文」和「重要文學體類」的相關試題，在試卷中的比重逐漸減低，90 學年度的試題還佔 11 題，但 91 學年度以後一直維持在 3 到 6 題左右，這與「國文科」捨棄零碎片段知識記憶的教學方向有關。

（7）「文化」領域的試題明顯偏少，但事實上，「中國文化基本教材」是目前高中職階段「國文」課程的一項重點，每

---

[7] 鄭圓鈴，〈Bloom2001 年版在國語文標準化成就測驗質化分析上的應用〉，《人文社會學報》第 1 期（台灣科技大學，2005 年 3 月），頁 117。

年試卷應該酌增 1 至 2 題較爲恰當。

（8）「語言」領域之「語法」的「常用語氣和語態」、「文學」領域的「文學基本要素」這兩個項目，過去五年從來不曾有試題出現，未來可以參考第三章第三節所舉的例題進行編製。

再者，90 學年度至 94 學年度試題在「認知歷程向度」的數量分布，經整理如下表所示：

表 4-9

學年度	記憶		了解		應用		分析		評鑑		創作	
	各領域題數	總數	各領域題數	總數	各領域題數	總數	各領域題數	總數	各領域題數	總數	各領域題數	總數
90	語言 20	33	語言 16	16	語言 6	6	語言 0	0	語言 0	0	語言 0	0
	文學 11		文學 0		文學 0		文學 0		文學 0		文學 0	
	文化 2		文化 0		文化 0		文化 0		文化 0		文化 0	
91	語言 10	16	語言 18	18	語言 12	13	語言 3	3	語言 0	0	語言 0	0
	文學 6		文學 0		文學 0		文學 0		文學 0		文學 0	
	文化 0		文化 0		文化 1		文化 0		文化 0		文化 0	

92	語言 14 文學 4 文化 1	19	語言 14 文學 1 文化 0	15	語言 8 文學 0 文化 0	8	語言 6 文學 1 文化 0	7	語言 1 文學 0 文化 0	1	語言 0 文學 0 文化 0	0
93	語言 8 文學 1 文化 0	9	語言 20 文學 1 文化 0	21	語言 12 文學 0 文化 0	12	語言 6 文學 1 文化 1	8	語言 0 文學 0 文化 0	0	語言 0 文學 0 文化 0	0
94	語言 7 文學 4 文化 0	11	語言 26 文學 0 文化 1	27	語言 7 文學 0 文化 0	7	語言 2 文學 2 文化 0	4	語言 0 文學 1 文化 0	1	語言 0 文學 0 文化 0	0
合計	語言 59 文學 26 文化 3	88	語言 94 文學 2 文化 1	97	語言 45 文學 0 文化 1	46	語言 17 文學 4 文化 1	22	語言 1 文學 1 文化 0	2	語言 0 文學 0 文化 0	0

依據上表，可得如下的檢核結果與建議：

（1）「創作」是六個認知歷程向度中唯一沒有試題者，此係肇因於「四技二專統一入學測驗」沒有「寫作」測驗。

（2）在全部 255 個試題中，「了解」層次的數量最多，佔 97 題；其次為「記憶」層次，佔 88 題；其餘依序為「應用」層次佔 46 題，「分析」層次佔 22 題，最少的是「評鑑」層次，僅有 2 題。

（3）「記憶」層次的試題，在 90 學年度的試題中佔 33 題，但 91 學年度以後明顯下降，一年至多不超過 20 題，最低的甚至只有 9 題（93 學年度）。

（4）「了解」層次的試題數量，在 93 學年度以後逐漸擴增，可見「四技二專統一入學測驗國文科」的命題素材已不再侷限於課本教材。

（5）雖然試題在「記憶」、「了解」、「應用」、「分析」、「評鑑」諸層次的數量分布相當合理，但若能在「分析」層次上稍做增加，應該更能提高測驗的品質。

第三節　語文表達能力測驗的內容效度

91 學年度起的「四技二專統一入學測驗國文科」，均於第三大題設置「語文表達能力測驗」，雖然前文我們認為，「選擇題」對「語言」領域的測試仍是「理解」而非「表達」，但從「名稱」來推測，該大題顯然是為了配合「四技二專統一入學測驗國文科」自 90 學年度推出後即不再考「作文」的制度，不得已而「出此下策」的權宜之計，因此，對四年來該大題所命製的 45 個試

題，實有必要另行抽出，特別針對其在「寫作」評量的效度加以檢核。

「寫作」的歷程，依據海斯和傅勞爾（Hayes&Flower）的看法，可分為「計畫」（planning）、「轉譯」（translating）、「回顧」（reviewing）三階段：[8]

圖 4-1

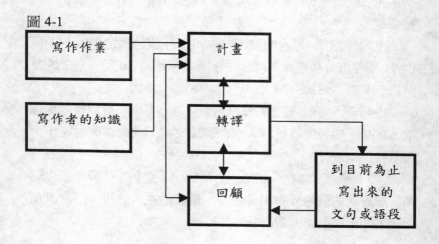

上圖中，「寫作作業」包括了「寫作題目是什麼」、「讀者的背景和需求是什麼」等項目。「寫作者的知識」則是「語言能力」——有關「語音」、「文字」、「詞匯」、「語法」、「修辭」、「語義」等的長期記憶與熟諳程度，以及有關「寫作題目」的實務或理論資訊、個人經驗等。而寫作的第一個階段——「計畫」，又包含三個歷程：

---

[8] 引自 Richard E. Mayer 著，林清山譯，《教育心理學：認知取向》（台北：遠流出版公司，1991 年），頁 356。

「產出」（generating）指自長期記憶中把與「寫作作業」有關的訊息檢索出來，例如在寫一篇題為「寫作歷程」的論說文時，你也許要能記起寫作歷程的三個主要歷程是計畫、轉譯和回顧。「組織」（organizing）涉及你所選取的最有用訊息，並把訊息加以組織，使成為一個寫作計畫，例如在寫「寫作歷程」的論說文時，你也許會依前述順序，把三個主要歷程各安排一節。「目標設定」（goal setting）涉及建立一般標準來引導你計畫的進行，例如寫作者可以決定：由於聽眾對材料不熟悉，論說文應儘量保持簡單，而且不要有專用術語。[9]

「轉譯」是指寫出與「計畫」一致、且符合語法規則的語段篇章。「回顧」則包括「閱讀」與「編輯」兩步驟：在「閱讀」中，寫作者找出語段篇章裡有問題的地方，進而透過「編輯」來加以修改。

　　依據上述來觀察「選擇題」式的「語文表達能力測驗」，其設計構想便相當清楚：透過一則「到目前為止寫出來的文句或語段」，讓考生進行「回顧」——先「閱讀」，再從參考選項中找出恰當的「編輯」修改方式。由於「回顧」在「寫作」歷程中既是隨時進行的，也是包含各個階段的，因此即使「文句語段的修改」不能概括「語文表達」的全部，也是「語文表達」的重要關鍵。「大學入學考試中心」在介紹「語文表達能力測驗」時，亦曾示範過這種「回顧」型的試題：

---

[9] 引自 Richard E. Mayer 著，林清山譯，《教育心理學：認知取向》（台北：遠流出版公司，1991 年），頁 355。

> 在那個開滿了水仙花的田地裡，在那個有很多石頭
> 的荒地裡，在那個由一條古怪的流水所灌溉的平地
> 裡，歐蘭朵的祖先曾經騎馬馳騁。他們還曾經從許
> 多肩膀上面砍下了許多顆的不同的膚色的頭顱，把
> 它們帶回家來掛在屋椽的上面。

上面這段文章（共六句），譯自英國女作家維琴尼亞・吳爾夫（**Virginia Woolf**）的作品《歐蘭朵》（**ORLANDO**），譯文不夠通順，累詞贅字甚多。請你在不妨礙原意、不更動句子序列的範圍內加以修改、潤飾，使之讀來不僅通順且兼具修辭之美。[10]

與「四技二專統一入學測驗國文科」的第三大題相比，差別似乎只在一個需要考生自己動手修改潤飾，另一個是讓考生從四個參考選項中選出最恰當的改法，但「判斷哪一個改得比較好」和「自己動手改成好的」畢竟還是兩回事，這道理就和「判斷哪一本食譜寫得比較好」和「自己動手做好吃的菜」不能畫上等號是一樣的。

　　歸納四年來 45 個「語文表達能力測驗」的試題，因囿於選擇題型，幾乎只能讓考生「偵錯」，而無法讓考生「改正」，「偵錯」的對象包含了「正確字形的使用」、「上下文中標點符號的使用」、「上下文中詞語的使用」、「上下文中成語的使用」、「通順語段中連接詞的使用」、「簡潔語段中不應出現的冗贅詞語」

---

[10] 參閱網頁 http://www.all4you.com.tw/multiple/langutest.htm。

諸方面。其測驗方式，大致以單題為主，例如：

下文若要針對兩項敘述主題，依序在句首加上「不僅」和「並且」兩個詞語做為連結，則應加於何處？[11]

五月中旬剛上市的 MIT 1.6，__甲__ 憑著新穎的設計，__乙__ 銷售量未受經濟不景氣所影響，躍居五月份同級車銷售之冠，__丙__ 獲得專業汽車雜誌對其性能的肯定，__丁__ 將其評選為年度最佳房車。

(A)甲／乙　　(B)甲／丁　　(C)乙／丙　　(D)乙／丁

下文畫底線處，何者是明顯的贅詞？[12]

(A)當今現代的父母對孩子都保護得太過周全，導致年輕人(B)普遍缺乏抗壓能力，(C)一旦遭遇挫折，便倉惶(D)失措。

但為了加強「寫作」歷程中「回顧」情境的似真性，「語文表達能力測驗」每年都會提供一個較長的語段，「整合」較多的失誤來讓考生「偵錯」。這四年來所提供的較長語段如下：

　　這本原文書，充斥著許多陌生的專有名詞，都是以前沒唸過的。而我之所以要讀這本書的原因，無非是希望能通過今年度的檢定考試。根據過去的情形來看，能通過這項考試的總是本科系學生莫屬，非本科系學生的通

---

[11] 94 學年度四技二專統一入學測驗國文科試題，第 47 題，答案為(C)。
[12] 93 學年度四技二專統一入學測驗國文科試題，第 46 題，答案為(A)。

過機率岌岌可危，但我相信只要努力不懈，還是有機會成功的。[13]

我不知怎的，我越接近統測，越發想往外跑，就是偏偏天公不作美，雨總是下個不停。我窩在家裡，除了 K 書還是 K 書，我真的都快悶死啦！可是前天我老爸嚴重強烈的警告我，不準我在懶散下去，非要我今年考取大學不可。

所以，我還是死掉這個心吧！最近不能在找你出去玩了，我要強打起精神來，做最後的衝刺！假如天氣轉晴，我們就出去好好的放鬆一下，先去好好看場電影，在去網咖大戰一場。[14]

這套 SARS 網路視訊系統，除了可透過網路攝影機傳遞即時畫面與聲音，窺視隔離病房內患者的狀況，醫護人員□可利用 PDA 結合無線上網的方式，在醫院各角落進行同步觀察隔離病房內的情形。[15]

昨天收到外婆從鄉下送來的一盒醃桃子，我拿起一個，甜甜的吃了起來，不禁讓我想起小時候在外婆家果園玩耍的日子。

那兒栽種的桃樹數目繁多，樹與樹交疊著，讓外婆家圍起了厚厚的樹牆。園中還有少見的天桃果，這是一種

---

[13] 91 學年度四技二專統一入學測驗國文科試題。
[14] 92 學年度四技二專統一入學測驗國文科試題。
[15] 93 學年度四技二專統一入學測驗國文科試題。

　　四季不落葉也不變色的植物，春天一來它就開花，到了
夏天便結出果子，看上去只見樹上的果子粉亮閃爍。

　　不管哪一種果子，都有甜中帶酸的好滋味；每到採果
季節，我最喜歡纏著外婆，像麻雀一樣的吵個不停，要
和她同去果園。受傷或賣相不佳的果子，便成了我的戰
利品，不一會兒，已塞滿兩口袋，然後等待收工後歡天
喜地的回家。

　　現在我已離開鄉下上小學了，吃著脆脆的桃兒，深深
懷念那一段無憂的童年歲月。[16]

針對上列語段，試題要求考生「偵錯」的方向大致還是在「用
詞不當」與「刪汰冗贅」，例如 91 年語段「非本科系學生的通
過機率岌岌可危」，「岌岌可危」應改為「少之又少」或「微乎
其微」；93 年語段「窺視隔離病房內患者的狀況」，「窺視」應改
為「掌握」；91 年語段「而我之所以要讀這本書的原因」，「之所
以」和「的原因」留用其一即可；92 年語段「我」字使用過於
頻繁，部分應予刪除。此外的修改項目尚有：

　　（1）辨識分段不當：92 年語段不必分段。
　　（2）找出句子的語法錯誤：91 年語段「能通過這項考試的
總是本科系學生莫屬」，句中「總是……莫屬」應作「非……莫
屬」。
　　（3）找出恰當連接詞：93 年語段「除了可透過網路攝影機
掌握病房狀況」與「醫護人員□可利用 PDA 在醫院各角落進行

---

[16] 94 學年度四技二專統一入學測驗國文科試題。

同步觀察」之間，□內可使用「更」、「還」、「也」。

（4）文句簡潔化：94 年語段「四季不落葉也不變色的植物」可改為「四季常綠」，「春天一來它就開花，到了夏天便結出果子」可改為「春天開花，夏季結果」。

（5）常用修辭技巧：94 年語段「樹與樹交疊著」若改用「擬人法」，可寫為「樹與樹挽著手臂」；「像麻雀一樣的吵個不停」若改用「狀聲詞」形容麻雀的聲音，可用「吱吱喳喳」或「啾啾啁啁」。

就考生常犯的寫作失誤來看，上述試題已儘量包括了「寫錯別字」、「用詞不夠精準」、「句與句之間的連接不通順」、「分段不恰當」、「文句欠潤飾」等項，其實頗能含蓋「轉譯」過程中必須注意的關鍵。但若依據 Hayes&Flower 的「寫作歷程」，目前的「語文表達能力測驗」應該還可以繼續針對尚未考到的歷程，進行「回顧」性試題的開發，例如：

（1）如何根據讀者背景的不同，調整表達方式？

（2）如何根據交際場合的不同，調整表達方式？

（3）如何篩選與寫作題目相關的訊息和素材？

（4）與寫作相關的材料應如何組織編排？

以第（3）點來說，「大學入學考試中心」所編《認識學科能力測驗7》的「國文考科參考試卷」中便有一個試題：

　　如果要寫一篇有關孔子「有教無類」的文章，下列出自《論語》的文句，適合做為引證的是：

（A）子曰：「唯上知與下愚不移。」

（B）子曰：「自行束脩以上，吾未嘗無誨焉！」

（C）子曰：「不憤不啟，不悱不發；舉一隅，不以三隅反，

則不復也。」

(D)子曰：「三人行，必有我師焉，擇其善者而從之，其不善者而改之。」

雖然「語文表達能力測驗」以「選擇題」來考，無論題型再怎麼求變翻新，可能也無法取代「直接寫作」的成效，但在「四技二專統一入學測驗」目前「只考選擇題」的架構下，為了提高「內容效度」，開發更多元的試題仍是必要的嘗試。未來若能針對「選擇題型」與「寫作題型」兩種不同的「語文表達能力測驗」，繼續進行「測驗結果是否具有相關性」的研究，必是檢核「四技二專統一入學測驗國文科」中「語文表達能力測驗」之「效度」時，相當重要的參考依據。

第五章 試題的量化分析

　　「通過一次考試所獲數據資料的統計分析，客觀評價考試的質量，是正確使用考試結果、有效發揮考試功能的重要前提」[1]。本章擬彙整「技專校院入學測驗中心」所提供的數據資料，進行「信度」、「難度指標」、「鑑別度指標」及「選項誘答力」等方面的量化分析。

第一節　信度分析

　　「技專校院入學測驗中心」所採用的「信度」，是由「KR_{20}」（庫李20號）公式發展而來、由 Cronbach 所發表的「α係數」，其計算公式如下[2]：

$$\alpha = \frac{n}{n-1}\left(1 - \frac{\sum S_i^2}{S_x^2}\right)$$

其中，α為估計的信度，n為題數，S_i^2為每一試題得分的變異數，S_x為測驗總分的變異數。這五年的試題信度都在 0.80 以上：

---

[1] 廖平勝，《考試學原理》（武昌：華中師範大學出版社，2002年），頁307。
[2] 郭生玉，《心理與教育測驗》（台北：精華書局，1995年），頁61。

表 5-1　四技二專統一入學測驗國文科 α 係數信度表

90 學年度	91 學年度	92 學年度	93 學年度	94 學年度
0.86	0.83	0.82	0.87	0.87

「由於 α 係數和 KR_{20} 係數都是所有信度係數估計值的下限，所以，當 α 係數和 KR_{20} 係數值頗高時，即表示真正的信度係數比它還高」[3]。據此可以推知，90 至 94 學年度的「四技二專統一入學測驗國文科」皆具有相當不錯的信度。

第二節　難度指標分析

一、難度指標彙整

「技專校院入學測驗中心」所採用的「難度指標」為「答對百分比法」，「每道試題的難度指標是以高分組和低分組學生的答對人數百分比之平均數來表示」[4]：P 值越大，表示該試題越容易；P 值越小，表示該試題越困難。

90 學年至 94 學年度的「四技二專統一入學測驗國文科」共計 255 個試題，然因 90 學年度第 19 題、第 47 題、以及 91 學年度第 40 題為「疑義試題」，最後公告的「正答」不只一個，因而這 3 題無法建立數據資料。茲將「技專校院入學測驗中心」

---

[3] 余民寧，《教育測驗與評量——成就測驗與教學評量》（台北：心理出版社，2004 年），頁 267。

[4] 余民寧，《教育測驗與評量——成就測驗與教學評量》（台北：心理出版社，2004 年），頁 208。

所提供之 252 個試題的「難度指標」（P 值）彙整如下：

表 5-2

年度	低難度 P≧0.80		中難度 0.80＞P≧0.40				高難度 P＜0.40	
90	90029	90032	90001	90003	90005	90006	90002	90004
	90033	90034	90007	90008	90009	90010	90016	90024
			90011	90012	90013	90014	90025	90044
			90015	90017	90018	90020	90045	90054
			90021	90022	90023	90026	90055	
			90027	90028	90030	90031		
			90035	90036	90037	90038		
			90039	90040	90041	90043		
			90045	90046	90048	90049		
			90050	90051	90052	90053		
91	91013	91033	91001	91003	91005	91006	91002	91004
	91044		91007	91008	91009	91011	91010	91017
			91012	91014	91015	91016	91019	91025
			91018	91020	91021	91022	91028	91035
			91023	91024	91026	91027	91045	
			91029	91030	91031	91032		
			91034	91036	91037	91038		
			91039	91041	91042	91043		
			91046	91047	91048	91049		
			91050					

年度	低難度 P≧0.80		中難度 0.80＞P≧0.40				高難度 P＜0.40	
92	92010	92018	92002	92004	92005	92006	92001	92003
	92026	92032	92007	92008	92009	92011	92015	92021
	92033	92043	92012	92013	92014	92016	92027	92031
			92017	92019	92020	92022	92036	92039
			92023	92024	92025	92028	92042	92044
			92029	92030	92034	92035	92049	
			92037	92038	92040	92041		
			92045	92046	92047	92048		
			92050					
93	93006	93007	93001	93002	93003	93004	93008	93010
	93009	93012	93005	93011	93013	93014	93019	93034
	93028	93030	93015	93016	93017	93018	93040	
	93038		93020	93021	93022	93023		
			93024	93025	93026	93027		
			93029	93031	93032	93033		
			93035	93036	93037	93039		
			93041	93042	93043	93044		
			93045	93046	93047	93048		
			93049	93050				

年度	低難度 P≧0.80	中難度 0.80＞P≧0.40				高難度 P＜0.40	
94	94007　94011 94029　94045	94001	94002	94003	94004	94005	94017
		94006	94008	94009	94010	94020	94027
		94012	94013	94014	94015	94036	94037
		94016	94018	94019	94021	94042	94044
		94022	94023	94024	94025		
		94026	94028	94030	94031		
		94032	92033	94034	94035		
		94038	94039	94040	94041		
		94043	94046	94047	94048		
		94049	94050				

二、資料分析

　　將五個學年度「低難度」、「中難度」、「高難度」的試題數量分別計算與加總，可知這五份試卷除 92 學年度之外，「中難度試題」都能控制在穩定的數量，「中難度」是試題最理想的難度（詳第六章第一節），高比率的「中難度試題」是維持試題品質的磐石。又將各年數據稍加比較，93 學年度的「高難度」試題比率明顯低於五年平均值，而「低難度」與「中難度」試題比率則高於五年平均值，故可推知 93 學年度的試題應是五年來難度最低的一份試卷。這點可以從以下兩個圖表的訊息得到印證：

　　（1）依據五年平均分數折線圖，93 學年度的平均分數高達 59.97 分，為歷年最高；最低則是 91 學年度的試題，平均為 55.19

分。

（2）依據 92 至 94 學年度 60 分以上累計人數簡表[5]，93 學年度不但有 23 人獲得滿分、3668 人得分在 90 分以上，且 60分以上的考生比率也超過 50%，均明顯高於 92 及 94 學年度。

表 5-3

試題年度	低難度 P≧0.80		中難度 0.80＞P≧0.40		高難度 P＜0.40	
	題數	百分比	題數	百分比	題數	百分比
90	4	7.5%	40	75.5%	9	17.0%
91	3	6.1%	37	75.5%	9	18.4%
92	6	12.0%	33	66.0%	11	22.0%
93	7	14.0%	38	76.0%	5	10.0%
94	4	8.0%	38	76.0%	8	16.0%
合計	24	9.5%	186	73.8%	42	16.7%

---

[5] 詳細的分數組距，請參閱「技專校院入學測驗中心」網站 http://www.tcte.edu.tw/index.php「四技二專考試資訊／歷屆考題與標準答案下載／」之各年「國文科／原始成績組距」。由於網站上僅有 92、93、94 學年度的資料，因此本表亦無法統計 90 及 91 學年度的狀況。

表 5-4　90-94 學年度四技二專統一入學測驗國文科平均分數折線圖

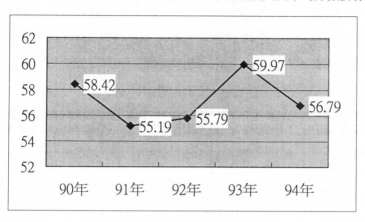

表 5-5　90-94 學年度四技二專統一入學測驗國文科 60 分以上累計人數簡表

試題年度	滿分人數	90 分以上累計人數（百分比）	80 分以上累計人數（百分比）	70 分以上累計人數（百分比）	60 分以上累計人數（百分比）
92	0	948（0.44%）	11224（5.22%）	39814（18.52%）	85177（39.62%）
93	23	3668（1.94%）	23758（12.56%）	58921（31.16%）	97266（51.44%）
94	11	2649（1.45%）	17207（9.42%）	43619（23.89%）	76760（42.04%）

　　經統計五年來「高難度」的試題共計 42 題，由於 90 學年度「四技二專統一入學測驗國文科」不分大題，若扣除該年的 9

題，再觀察其餘 33 題在「綜合測驗」、「閱讀能力測驗」、「語文表達能力測驗」三大題的分布狀況（參閱表 5-6），可知「綜合測驗」、「閱讀能力測驗」、「語文表達能力測驗」三大題對考生而言，難度上差不多，並沒有哪個大題特別不容易回答。

表 5-6

三大題 （四年試題 總數）	綜合測驗 （118 題）		閱讀能力測驗 （36 題）		語文表達能力測驗 （45 題）	
高難度試題 數及比率	20 題	16.9%	6 題	16.7%	7 題	15.6%

三、較難的試題類型

　　五年來答對率最低的試題，是 91 學年度一個關於「文字學」的試題，答對率只有 9%，91%的考生都在「象形」、「指事」、「會意」之間亂猜：

9% D	依照中國文字的造字原則，「街」字在「六書」中應該屬於：[6] (A)象形　　　　(B)指事　　　　(C)會意　　　　(D)形聲

類似的試題，92 學年度和 94 學年度都考過——92 學年度考「鼎」字屬「象形」字，94 學年度考「石」字屬「象形」字，答對率

---

[6] 91 學年度四技二專統一入學測驗國文科試題，第 4 題。

分別為 85%、76%，可見並非考生對「六書」全無認知，而是試題設計上發生問題。關於這題，將於第六章「試題的選擇與改進」再做討論。

91 至 94 學年度的「閱讀能力測驗」大題共針對 15 篇短文編製題組，每篇至少 2 題，最多 4 題，依據統計數據，「答對率最低」的一篇，是一則來自《資治通鑑》有關「安祿山」的故事：

> 祿山在上前，應對敏給，雜以詼諧，上嘗戲指其腹曰：「此胡腹中何所有？其大乃爾！」對曰：「更無餘物，正有赤心耳！」上悅。又嘗命見太子，祿山不拜。左右趣（趣，促也）之拜，祿山拱立曰：「臣胡人，不習朝儀，不知太子者何官？」上曰：「此儲君也，朕千秋萬歲後，代朕君汝者也。」祿山曰：「臣愚，嚮者惟知有陛下一人，不知乃更有儲君。」不得已，然後拜。上以為信然，益愛之。（《資治通鑑・唐紀三十一》）

這篇故事有三個試題，其中兩題通過率分別為 20%、33%，都列為「高難度」試題：

20%	依據上文，安祿山見太子而不拜的原因是：	
C	(A)與太子有夙怨	(B)對朝廷禮儀不熟悉
	(C)製造機會諂媚皇帝	(D)生性愚魯，不知輕重
33%	玄宗「益愛之」，是因為他認為安祿山為人如何？	
B	(A)不拘守朝廷禮儀	(B)只願效忠玄宗一人
	(C)勇於承認自己的過失	(D)正義凜然，威武不屈

爲何「安祿山見太子而不拜」？高達 63%的考生選的是「對朝廷禮儀不熟悉」；而爲何「玄宗聽完安祿山的回答後愈加喜歡安祿山」？有 12%的考生認爲是安祿山「正義凜然，威武不屈」，多達 49%的考生認爲是安祿山「勇於承認自己的過失」。所以如此，顯然是因爲考生讀到故事中安祿山自言「臣胡人，不習朝儀」、「不知乃更有儲君」，最後「不得已，然後拜」，便以爲是解題線索，殊不知關鍵在「上以爲信然」——意謂玄宗讓安祿山哄騙而不自知，可見大多數考生讀文章只讀「表面」，對於「表面」背後的「言外之意」疏於體會。

在 42 個「高難度」試題裡，「文學」領域所佔的比率是最高的。這類試題在五年的 255 個試題中約佔十分之一，但在五年來的 42 個「高難度」試題裡卻佔了將近四分之一；又五年來「文學」領域考了 33 題，竟然有 10 題都進入「高難度」之列。以下依答對率由低至高列出這 10 個試題，內容含蓋了「重要作家」、「重要作品」、「重要文學運動」等認知，但這些「文學知識」屬「古代」或「現代」並不影響答對率，唯五年來考了兩次與「公文」相關的知識，兩次的答對率都甚不理想：

15% A	如果你是解說員，在2樓預備依時代先後介紹下列四位詞家，則你的導覽順序應是：[7]
	（甲）柳永（乙）辛棄疾（丙）蘇軾（丁）李清照
	(A)甲丙丁乙　　　　(B)甲丙乙丁
	(C)丙甲乙丁　　　　(D)丙丁甲乙

---

[7] 92 學年度四技二專統一入學測驗國文科試題，第 31 題。

17% A	傳說　乙　煉五色石以補蒼天，惟剩下頑石一塊，棄於青埂峰下。此石既無才補天，於是幻形入世，成為小說　丙　中膾炙人口的主角人物。 　丙　處最恰當的選項是：[8] (A)《紅樓夢》　　　　　　(B)《水滸傳》 (C)《西遊記》　　　　　　(D)《聊齋誌異》
20% A	下列何者是公文程式的<u>最新</u>變革？[9] (A)採用由左而右橫式書寫 (B)公文文字應加具標點符號 (C)得以電子文件傳送 (D)一律採用主旨、說明二段敘述
25% D	關於各小說所記內容，下列敘述何者<u>錯誤</u>？[10] (A)《聊齋誌異》以神鬼仙狐故事為多 (B)《水滸傳》以梁山泊人物為主角 (C)《紅樓夢》以描寫賈府興衰為主 (D)《世說新語》收錄五代巧語妙句
25% D	下列有關公文「函」的說明，何者<u>錯誤</u>？[11] (A)函是各機關處理公務使用的文書，有上行文、平行文、下行文之分 (B)函的本文，一般分「主旨」、「說明」、「辦法」三段；若案情簡單，可用「主旨」一段完成者，則盡量用一段完成

---

[8] 94 學年度四技二專統一入學測驗國文科試題，第 27 題。
[9] 94 學年度四技二專統一入學測驗國文科試題，第 20 題。
[10] 90 學年度四技二專統一入學測驗國文科試題，第 54 題。
[11] 91 學年度四技二專統一入學測驗國文科試題，第 28 題。

	(C)「說明」一段，段名可視需要改爲「經過」、「原因」等
	(D)「辦法」一段須重複「主旨」的內容，同時加上希望對方辦理的期望目的語，如「請　核示」、「請查照辦理」等
28% B	關於新文學運動，下列敘述何者<u>錯誤</u>？[12] (A)民國八年展開白話文運動 (B)豐子愷撰寫〈文學改良芻議〉 (C)羅家倫曾是五四運動的健將 (D)胡適主張把死文學變爲活文學
30% D	依據歐陽修〈縱囚論〉一文，作者認爲死囚在與太宗約定期限之前自動回獄，沒有落後遲到者，這是因爲他們：[13] (A)深受太宗恩德感召　　　　(B)遵守信義原則 (C)抱著視死如歸的精神　　　(D)揣測太宗將免其死刑
33% D	下列人物，何組不應列入「臺灣現代文學作家」傳記？[14] (A)梁實秋、陳之藩　　(B)琦君、張曉風 (C)鄭愁予、余光中　　(D)徐志摩、朱光潛

---

[12] 90 學年度四技二專統一入學測驗國文科試題，第 55 題。
[13] 90 學年度四技二專統一入學測驗國文科試題，第 16 題。
[14] 92 學年度四技二專統一入學測驗國文科試題，第 27 題。

33%	下列各文，何者以說理取勝？[15]
A.	(A)〈遊褒禪山記〉
	(B)〈始得西山宴遊記〉
	(C)〈明湖居聽書〉
	(D)〈晚遊六橋待月記〉
34%	下列何人生於明代？[16]
B	(A)梁啓超　　　　(B)左光斗
	(C)文天祥　　　　(D)范仲淹

　　頗讓人意外的是，「識記常用字的讀音」在 42 個「高難度」試題中也佔了 3 題。這類試題在每年的試卷中絕不超過 2 題，因此五年來也只有 9 題，居然多達三分之一都列入「高難度」之林：

17%	下列「」內字的注音，何者正確？[17]
B	(A)不「忮」不求：ㄐㄧˋ
	(B)「蕞」爾小國：ㄗㄨㄟˋ
	(C)光彩「熠」熠：ㄓㄜˊ
	(D)身體「羸」弱：ㄧㄥˊ

32% D	下列各組「」內字的注音，何者兩兩相同？[18] (A)燈「芯」／花「蕊」 (B)「猶」豫／「遒」勁 (C)「摯」友／「掣」肘 (D)「絢」麗／「炫」耀
36% C	下列「」內的字，何者注音正確？[19] (A)若「垤」若穴：ㄓ／（始得西山宴遊記） (B)細腿朝上「蜷」曲著：ㄐㄩㄢˇ（蒼蠅與我） (C)「踟」躕徘徊：ㄔ／（談靜） (D)刑「笞」：ㄊㄞˊ／（漸）

　　在 42 個「高難度」試題中，「識記常用字的字形」也是數量頗多的。這類試題五年來考了 17 題，結果有 5 題都進入「高難度」之列。以下也依答對率由低至高列出這 5 個試題：

17% D	下列各句，何者**沒有**錯別字？[20] (A)戀人相視總是含情默默，一切盡在不言中 (B)經過老師的講解後，我終於豁然開朗，心中不再有疑問了 (C)做任何事都要堅持到最後一刻，否則功虧一匱，仍然失敗 (D)他說話總喜歡掉弄玄虛，結果惹來不必要的麻煩

---

[18] 91 學年度四技二專統一入學測驗國文科試題，第 2 題。

[19] 90 學年度四技二專統一入學測驗國文科試題，第 2 題。

[20] 90 學年度四技二專統一入學測驗國文科試題，第 42 題。

28% D	下列各選項「」內的注音寫成國字，何者兩兩相同？[21]
	(A)我沉「ㄇㄛˋ」，但這並不代表對你就「ㄇㄛˋ」不關心
	(B)「ㄇㄠˋ」失鬼指的就是那些容易「ㄇㄠˋ」然行事的傢伙
	(C)長期處在「ㄐㄧ」餓狀態，怪不得他一副面黃「ㄐㄧ」瘦的模樣
	(D)諸葛亮任蜀相後，事必「ㄍㄨㄥ」親，萬分辛勞，於是『鞠「ㄍㄨㄥ」盡瘁，死而後已』便成了他的宿命
31% B	下列文句，何者<u>沒有</u>錯別字？[22]
	(A)維護港口及海域的安全，是海軍責無旁代的職守
	(B)以迅雷不及掩耳的方式突襲，是戰場上司空見慣的伎倆
	(C)國軍官兵執干戈以衛社濟，使我們能享受安居樂業的生活
	(D)為防止敵軍出其不易的突襲，我方將士枕戈待旦，嚴加防備
35% D	下列各詞語，何者<u>沒有</u>錯別字？[23]
	(A)渾渾惡惡（藝術與科學）
	(B)觸目驚心（母親的書）

---

[21] 92 學年度四技二專統一入學測驗國文科試題，第 42 題。

[22] 93 學年度四技二專統一入學測驗國文科試題，第 40 題。

[23] 90 學年度四技二專統一入學測驗國文科試題，第 4 題。

	(C)自感歉咎（田園之秋） (D)飛揚跋扈（蒼蠅與我）
41% D	閱讀下文，並依序推斷□內的字形，何者正確？[24] 台灣諺語「鴨仔聽雷」，正確的說法應是「啞子聽雷」，因為啞者多兼有耳聾，聽不到聲音，對雷鳴自然沒有□□。這句俗語可用來比喻溝通困難，有言者諄諄、聽者□□之意。 (A)反映、渺渺　　　　(B)反映、藐藐 (C)反應、渺渺　　　　(D)反應、藐藐

其餘「高難度」試題遍及「語法」、「修辭」、「語義」諸層面，不一一列舉。試題太難，有時是因為測驗內容考生不熟悉，例如古文中的「倒裝句」，92 學年度與 94 學年度都考過這個概念，但干擾選項若誘答力太強（如「之子于歸」，有 32%的考生認為是「倒裝句」），答對率便會大幅下降：

59% B	下列何者<u>不是</u>倒裝句？[25] (A)吾誰與歸　　　　(B)位卑則足羞 (C)唯兄嫂是依　　　　(D)不患人之不己知
33% D	下列「」內的句子，何者屬於「倒裝」句？[26] (A)「日割月削」，以趨於亡 (B)「之子于歸」，宜其室家

---

[24] 94 學年度四技二專統一入學測驗國文科試題，第 42 題。
[25] 92 學年度四技二專統一入學測驗國文科試題，第 16 題。
[26] 94 學年度四技二專統一入學測驗國文科試題，第 19 題。

	(C)言利辭倒,「不求其實」
	(D)皇天無親,「惟德是輔」

有時則因為考生誤解了題幹的意思:

18%	下列文句,何者屬於「已預設答案的疑問句」?[27]
D	(A)來日綺窗前,寒梅著花未
	(B)君家在何處,妾住在橫塘
	(C)誰家吹笛畫樓中,斷續聲隨斷續風
	(D)安能摧眉折腰事權貴,使我不得開心顏

這種「已預設答案的疑問句」,通常是一種修辭技巧,作者其實是藉著「自問自答」的方式來肯定自己的堅持,所以答案應是「安能摧眉折腰事權貴,使我不得開心顏」。但有 51%的考生誤以為題幹是問「何者既有問句,也有答句」,因而選答「君家在何處,妾住在橫塘」,忽略「妾住在橫塘」根本不是「君家在何處」的答句。

第三節　鑑別度指標分析

一、鑑別度指標彙整

　　「技專校院入學測驗中心」所採用的「鑑別度指標」屬「內

---

[27] 94 學年度四技二專統一入學測驗國文科試題,第 17 題。

部一致性分析法」，係將每個試題的高分組答對人數的百分比值，減去低分組答對人數的百分比值，「通常以小數表示，其值介於−1.00 到＋1.00 之間。指數愈高，表示鑑別力愈大；指數愈低，表示鑑別力愈小」[28]。

　　90 學年至 94 學年度的「四技二專統一入學測驗國文科」共計 255 個試題，然因 90 學年度第 19 題、第 47 題、以及 91 學年度第 40 題為「疑義試題」，最後公告的「正答」不只一個，因此這 3 題無法建立數據資料。茲將「技專校院入學測驗中心」所提供之 252 個試題的「鑑別度指標」（D 值）彙整如下：

表 5-7

年度	低鑑別度 D＜0.20	中鑑別度 0.20≦D＜0.30		中高鑑別度 0.30≦D＜0.40		高鑑別度 D≧0.40		
90	90003	90004	90006	90002	90005	90001	90007	90008
	90018	90014	90023	90010	90025	90009	90011	90012
	90029	90024	90032	90031	90036	90013	90015	90016
	90033	90034	90037	90041	90049	90017	90020	90021
	90042	90052		90053	90054	90022	90026	90027
	90055					90028	90030	90035
						90038	90039	90040
						90043	90044	90045
						90046	90048	90050
						90051		

---

[28] 郭生玉，《心理與教育測驗》（台北：精華書局，1995 年），頁 268。

年度	低鑑別度 D<0.20	中鑑別度 0.20≦D<0.30		中高鑑別度 0.30≦D<0.40		高鑑別度 D≧0.40		
91	91004	91002	91005	91001	91006	91003	91007	91009
	91017	91010	91011	91008	91013	91012	91015	91016
	91028	91014	91018	91019	91020	91022	91024	91032
	91033	91021	91025	91023	91027	91034	91036	91037
	91045	91026	91029	91030	91031	91041	91046	
		91038	91043	91035	91039			
				91042	91044			
				91047	91048			
				91049	91050			
92	92001	92004	92005	92002	92008	92006	92007	92009
	92003	92010	92018	92014	92015	92011	92012	92013
	92031	92019	92026	92020	92022	92016	92017	92021
	92033	92027	92030	92034	92035	92023	92024	92025
	92044	92032	92042	92039	92041	92028	92029	92036
		92043	92045	92048		92037	92038	92040
		92046	92049			92047	92050	

年度	低鑑別度 D＜0.20	中鑑別度 0.20≦D＜0.30		中高鑑別度 0.30≦D＜0.40		高鑑別度 D≧0.40		
93	93034	93006	93007	93008	93009	93001	93002	93003
	93038	93013	93024	93010	93011	93004	93005	93014
	93050	93030	93039	93012	93019	93015	93016	93017
		93040		93022	93028	93018	93020	93021
				93031	93043	93023	93025	93026
				93048		93027	93029	93032
						93033	93035	93036
						93037	93041	93042
						93044	93045	93046
						93047	93049	
94	94020	94006	94007	94001	94011	94002	94003	94004
	94025	94017	94027	94022	94028	94005	94008	94009
		94029	94030	94033	94036	94010	94012	94013
		94035	94039	94037	94045	94014	94015	94016
		94042	94049	94047		94018	94019	94021
						94023	94024	94026
						94031	94032	94034
						94038	94040	94041
						94043	94044	94046
						94048	94050	

二、資料分析

　　將五個學年度「低鑑別度」、「中鑑別度」、「高鑑別度」的試題數量分別計算與加總，可以看到從 90 學年度至 94 學年度，「低鑑別度」的試題不斷遞減，從原來的 6 題下降到極低的 2 題；「中高鑑別度」和「高鑑別度」的試題，五年來則維持在 31 至 40 題不等，平均在七成以上。據此可知，90 學年至 94 學年度「四技二專統一入學測驗國文科」在鑑別度方面是相當理想的，邇來「試題變簡單，沒有鑑別度」的揣測，並不合乎事實；甚至五年來試題最簡單的 93 學年度，具有「中高鑑別度」和「高鑑別度」的試題數量反而是最多的。

表 5-8

年度	低鑑別度 D<0.20		中鑑別度 0.20≦D<0.30		中高鑑別度 0.30≦D<0.40		高鑑別度 D≧0.40	
	題數	百分比	題數	百分比	題數	百分比	題數	百分比
90	6	11.3%	9	17.0%	10	18.9%	28	52.8%
91	5	10.2%	12	24.5%	18	36.7%	14	28.6%
92	5	10.0%	14	28.0%	11	22.0%	20	40.0%
93	3	6.0%	7	14.0%	11	22.0%	29	58.0%
94	2	4.0%	10	20.0%	9	18.0%	29	58.0%
合計	21	8.3%	52	20.6%	59	23.4%	120	47.6%

　　經統計五年來「高鑑別度」的試題共計 120 題，由於 90 學年度「四技二專統一入學測驗國文科」不分大題，若扣除該年的 28 題，再觀察其餘 92 題在「綜合測驗」、「閱讀能力測驗」、「語文表達能力測驗」三大題的分布狀況（參閱表 5-9），可知「綜合測驗」對考生的鑑別度，要比「閱讀能力測驗」和「語文表達能力測驗」對考生的鑑別度略優一些。雖然這絕非表示「閱讀能力測驗」和「語文表達能力測驗」應該取消，但自 91 學年度至 94 學年度，「綜合測驗」已從原本的 34 題減為 27 題，為了保留更多「高鑑別度」的試題，維持現有「綜合測驗」的試題數量也許仍是必要的。

表 5-9

三大題 （四年試題總數）	綜合測驗 （118 題）		閱讀能力測驗 （36 題）		語文表達能力測驗 （45 題）	
高鑑別度試題數及比率	59 題	50%	15 題	42%	18 題	40%

三、難度對鑑別度的影響

　　試題的難度與鑑別度有密切的關係。「難度中等時，D 值可以達到最大」；「如果 P 值為 1.00 或 0，則高、低分組通過的百分比完全相同，因此 D 值必然為 0」[29]；其關係可圖示如下[30]：

[29] 陳英豪、吳裕益，《測驗與評量》（高雄：復文圖書出版社，1995 年），頁 355。

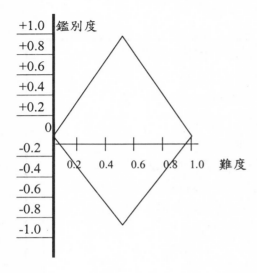

綜觀五年來屬「低鑑別度」的 21 個試題，有 6 題是因為「難度指標」偏高（即答對率偏高、試題太簡單）的原因所造成，茲列舉如下：

鑑別度	難度	試題
0.05	0.73	「石」字的「┌」畫的是山崖，「□」是石頭的形狀，因此，依造字法則應屬於六書中的 甲 。 甲 處最恰當的選項是：[31] (A) 象形　　　　(B)指事 (C)會意　　　　(D)形聲

[30] 郭生玉，《心理與教育測驗》（台北：精華書局，1995 年），頁 269。

0.13	0.93	下列成語何者可用於對人讚美？[32] (A)刻舟求劍（察今） (B)鄒書燕說（台灣通史序） (C)青出於藍（勸學） (D)向聲背實（典論論文）
0.14	0.92	閱讀下文，依序為□選擇最恰當的字：[33] 他們投入地方建設的心力，大家有目共□，因此在民意代表選舉中，果然不□眾望，高票當選。 (A)睹／富　　　　(B)堵／富 (C)睹／負　　　　(D)堵／負
0.16	0.84	中國的「田園詩」，到東晉的陶淵明時才具備獨立的風格，他的詩將田園景致與＿＿＿＿＿相互融合，開創了田園詩的新境界。[34] (A)隱逸生活　　　(B)遊仙思想 (C)行旅感懷　　　(D)諷諫意圖
0.18	0.89	「翡冷翠的建築給人的印象是蒼老，但是精緻，尤其那不留一點空隙的精雕細琢的圖紋，更令人□□□□。」缺空的成語宜填：[35] (A)嘆為觀止　　(B)從容指顧

[31] 94 學年度四技二專統一入學測驗國文科試題，第 25 題。
[32] 90 學年度四技二專統一入學測驗國文科試題，第 33 題。
[33] 93 學年度四技二專統一入學測驗國文科試題，第 38 題。
[34] 91 學年度四技二專統一入學測驗國文科試題，第 33 題。
[35] 90 學年度四技二專統一入學測驗國文科試題，第 29 題。

		(C)兢兢業業　　　(D)奉爲圭臬
0.19	0.90	下列關於這首詩的敘述，何者正確？[36] (A)作者旨在讚歎人體的肌理之美 (B)作者想學魯賓遜漂流到荒島獨居 (C)作者旨在表達他對故鄉的熱愛與頌揚 (D)作者夢想自己的故鄉也在太平洋中

有 12 題則是因爲「難度指標」偏低（即答對率偏低、試題太困難）的原因所造成，其中之一即上述五年來答對率最低的「文字學」試題，該題的「鑑別度指標」亦爲五年來所僅見──爲負值（−0.05）：

鑑別度	難度	試題
−0.05	0.08	依照中國文字的造字原則，「街」字在「六書」中應該屬於：[37] (A)象形　　(B)指事　　(C)會意　　(D)形聲
0.04	0.18	下列「」內字的注音，何者正確？[38] (A)不「忮」不求：ㄐㄧ丶 (B)「蕞」爾小國：ㄗㄨㄟ丶 (C)光彩「熠」熠：ㄓㄜ丶 (D)身體「羸」弱：ㄧㄥ丶

---

[36] 92 學年度四技二專統一入學測驗國文科試題，第 33 題。
[37] 91 學年度四技二專統一入學測驗國文科試題，第 4 題。
[38] 92 學年度四技二專統一入學測驗國文科試題，第 1 題。

0.04	0.39	下列文句中的「薄」字，何者意義與其他三者不同？[39] (A)「薄」海歡騰 (B)「薄」暮冥冥 (C)日「薄」西山 (D)門衰祚「薄」
0.07	0.29	下列文句「」內的成語，何者使用正確？[40] (A)張先生樂善好施的義行，值得大家「群起效尤」 (B)在強大的威脅下，使他「噤若寒蟬」，不敢指證 (C)兩位主持人默契十足，是不可多得的「一丘之貉」 (D)熟讀說明書，操作起來就能像「緣木求魚」般得心應手
0.08	0.30	連橫〈臺灣通史序〉：「是以郢書燕說，猶存其名；晉乘楚杌，語多可採。」上文意在告人：[41] (A)史書多失其實，不可盡信 (B)史書文字脫誤，真偽難辨 (C)史料殘缺不全，多穿鑿附會 (D)史料得來不易，宜善予珍惜

---

[39] 92 學年度四技二專統一入學測驗國文科試題，第 3 題。
[40] 91 學年度四技二專統一入學測驗國文科試題，第 45 題。
[41] 91 學年度四技二專統一入學測驗國文科試題，第 17 題。

0.12	0.17	如果你是解說員，在**2樓**預備依時代先後介紹下列四位詞家，則你的導覽順序應是：[42] （甲）柳永（乙）辛棄疾（丙）蘇軾（丁）李清照 (A)甲丙丁乙　　　　(B)甲丙乙丁 (C)丙甲乙丁　　　　(D)丙丁甲乙
0.12	0.29	下列畫線的語詞，何者是明顯多出來的贅詞？[43] 今年二月五日，臺灣（甲）<u>當日</u>的報紙，首次經由金廈「小三通」（乙）<u>航線途徑</u>（丙）<u>正式</u>在廈門登陸。有了直航快遞，此後當地訂閱臺灣報紙的用戶，（丁）<u>肯定</u>會直線上升。 (A)甲　　(B)乙　　(C)丙　　(D)丁
0.15	0.21	下列何者是公文程式的<u>最新變革</u>？[44] (A)採用由左而右橫式書寫 (B)公文文字應加具標點符號 (C)得以電子文件傳送 (D)一律採用主旨、說明二段敘述
0.18	0.20	下列各句，何者<u>沒有</u>錯別字？[45] (A)戀人相視總是含情默默，一切盡在不言中 (B)經過老師的講解後，我終於豁然開朗，心中不再有疑問了 (C)做任何事都要堅持到最後一刻，否則功虧一

---

[42] 92 學年度四技二專統一入學測驗國文科試題，第 31 題。

[43] 92 學年度四技二專統一入學測驗國文科試題，第 44 題。

[44] 94 學年度四技二專統一入學測驗國文科試題，第 20 題。

[45] 90 學年度四技二專統一入學測驗國文科試題，第 42 題。

		匱，仍然失敗 (D)他說話總喜歡掉弄玄虛，結果惹來不必要的麻煩
0.18	0.27	下列有關公文「函」的說明，何者<u>錯誤</u>？[46] (A)函是各機關處理公務使用的文書，有上行文、平行文、下行文之分 (B)函的本文，一般分「主旨」、「說明」、「辦法」三段；若案情簡單，可用「主旨」一段完成者，則盡量用一段完成 (C)「說明」一段，段名可視需要改為「經過」、「原因」等 (D)「辦法」一段須重複「主旨」的內容，同時加上希望對方辦理的期望目的語，如「請核示」、「請查照辦理」等
0.18	0.31	關於新文學運動，下列敘述何者<u>錯誤</u>？[47] (A)民國八年展開白話文運動 (B)豐子愷撰寫〈文學改良芻議〉 (C)羅家倫曾是五四運動的健將 (D)胡適主張把死文學變為活文學
0.19	0.28	下列文句「」內的解釋，何者正確？[48] (A)吳中大飢，「殍殣枕路」：災民臥在街上抗議 (B)自春至夏，居民「空巷出遊」：成群結隊熱

---

[46] 91 學年度四技二專統一入學測驗國文科試題，第 28 題。
[47] 90 學年度四技二專統一入學測驗國文科試題，第 55 題。
[48] 93 學年度四技二專統一入學測驗國文科試題，第 34 題。

		鬧出遊 (C)杭州不恤荒政，「嬉遊不節」：態度散漫又不懂禮節 (D)仰食于公私者，日「無慮數萬人」：數萬人皆無憂無慮

此外尚有 3 題，「難度指標」在最理想的 0.5 上下，按理來說「鑑別度」應該相當好，但「鑑別度指標」卻還是偏低，其原因可能得另從「選項分析」來檢查：

鑑別度	難度	試題
0.12	0.51	下列各句「」中之字、詞，何者有輕視傲慢之意？[49] (A)長「跪」讀素書（飲馬長城窟行） (B)項王按劍而「跽」（鴻門之宴） (C)攀緣而登，「箕踞」而遊（始得西山宴遊記） (D)賓客上謁，未嘗不「踞」床而見（虯髯客傳）
0.13	0.52	「荖濃溪南岸徒峭的峰巒山溝間，雪或積覆或散置，在色澤疑重的岩壁與濃綠的冷杉間亮著寒光。」（八通關種種）以上文句有幾個錯別字？[50] (A)1　　　(B)2　　　(C)3　　　(D)4

---

[49] 90 學年度四技二專統一入學測驗國文科試題，第 18 題。
[50] 90 學年度四技二專統一入學測驗國文科試題，第 3 題。

0.18	0.51	下列是一幅平面廣告，依據標題「買不如租，輕鬆享受醇美山居歲月」，文案中(A)、(B)、(C)、(D)四句話，何者與全文主旨<u>不符</u>？[51]

(A) 親近大自然，擁抱滿窗山嵐綠樹
(B) 用台北1/2的價格，進駐黃金抗跌地段
(C) 優質健康別墅，首創以租賃方式讓您入主
(D) 不必擔心轉賣風險，告別資產貶值惡夢

第四節　選項誘答力分析

一、有效選項的判斷原則

　　選擇題「不正確選項」的「誘答」作用，可以增加試題的鑑別功能。「因此，選擇型試題的編製應強調不正確選項的編擬或撰寫技巧。一個不正確選項是否能發揮誘答的功用，是決定一道選擇型試題良窳的關鍵因素」[52]。

---

[51] 93 學年度四技二專統一入學測驗國文科試題，第 50 題。

[52] 余民寧，《教育測驗與評量——成就測驗與教學評量》（台北：心理出版社，2004 年），頁 219。

　　「不正確選項」是否具有「誘答力」，主要是從高、低分組考生在各選項的選答次數來觀察，其判斷的原則是：每個不正確的選項，「至少有一個低分組的受試者選擇它，而且，低分組比高分組選擇不正確的答案」[53]。如果違反了上述的原則，亦即「不正確選項」沒有任何一名考生選擇，或高分組考生選擇「不正確選項」的人數，比低分組考生選擇「不正確選項」的人數還來得多，就表示「不正確選項」可能有問題，必須修改汰換。

二、問題選項彙整

　　依據「技專校院入學測驗中心」所提供的數據資料，90 學年度至 94 學年度「四技二專統一入學測驗國文科」255 個試題的所有選項，都未發生「沒有考生選擇」的情形，但有 29 個試題的「不正確選項」出現了「高分組考生選擇人數，比低分組考生選擇人數多」的異常現象，其中 90 學年度 7 題，91 學年度 5 題，92 學年度 8 題，93 學年度 5 題，94 學年度 4 題。以下列舉這 29 個試題，選項標「＊」者為正確答案，選答狀況異常的「不正確選項」，則以網底（　　　）標出高、低分組的選答人數。

（一）90 學年度試題

下列各詞語，何者<u>沒有</u>錯別字？[54]
(A)渾渾惡惡（藝術與科學）

---

[53] 郭生玉，《心理與教育測驗》（台北：精華書局，1995 年），頁 272。
[54] 90 學年度四技二專統一入學測驗國文科試題，第 4 題。

(B)觸目驚心（母親的書）

(C)自感歉咎（田園之秋）

(D)飛揚跋扈（蒼蠅與我）

組別	選項				難度	鑑別度
	A	B	C	D*		
高分組	3907	8647	18934	28428	0.36	0.22
低分組	9013	20705	14936	15243		

「今者妾觀其出，志念深矣，常有以自下者。」（史記晏子傳）句中「自下」是表示什麼樣的態度？[55]

(A)自負　　(B)自卑　　(C)自信　　(D)自謙

組別	選項				難度	鑑別度
	A	B	C	D*		
高分組	8090	6735	1944	43148	0.61	0.22
低分組	7430	13252	9157	30052		

下列各句「」中之字、詞，何者有輕視傲慢之意？[56]

(A)長「跪」讀素書（飲馬長城窟行）

(B)項王按劍而「跽」（鴻門之宴）

(C)攀緣而登，「箕踞」而遊（始得西山宴遊記）

(D)賓客上謁，未嘗不「踞」床而見（虬髯客傳）

組別	選項				難度	鑑別度
	A	B	C	D*		
高分組	58	21192	4315	34373	0.51	0.12
低分組	3983	17107	11610	27214		

孔子論君子，下列何者<u>不能</u>算是一個君子人？[57]
(A)和而不同　　　　　(B)文質彬彬
(C)病人之不己知也　　(D)懷德懷刑

組別	選項				難度	鑑別度
	A	B	C*	D		
高分組	9249	8600	34042	8015	0.45	0.24
低分組	14936	7734	19620	17606		

甲、束髮（項脊軒志）　　乙、傴僂（醉翁亭記）
丙、蒙稚（訓蒙大意）
以上語詞的含意，「自幼至老」排列依序為：[58]
(A)甲、乙、丙　　　　　(B)甲、丙、乙
(C)乙、丙、甲　　　　　(D)丙、甲、乙

組別	選項				難度	鑑別度
	A	B	C	D*		
高分組	2222	28609	1242	27865	0.37	0.20
低分組	6737	21954	15153	16068		

---

[57] 90 學年度四技二專統一入學測驗國文科試題，第 23 題。
[58] 90 學年度四技二專統一入學測驗國文科試題，第 24 題。

「求也退，故進之；由也兼人，故退之。」（論語・先進）此
句所表現孔子的教育精神是：[59]
(A)循循善誘　　　　　(B)注重啓發
(C)因材施教　　　　　(D)有教無類

組別	選項				難度	鑑別度
	A	B	C*	D		
高分組	51062	20432	103217	47136	0.48	0.22
低分組	8628	5614	21932	23707		

下列各句，何者<u>沒有錯別字</u>？[60]
(A)戀人相視總是含情默默，一切盡在不言中
(B)經過老師的講解後，我終於豁然開朗，心中不再有疑問了
(C)做任何事都要堅持到最後一刻，否則功虧一匱，仍然失敗
(D)他說話總喜歡掉弄玄虛，結果惹來不必要的麻煩

組別	選項				難度	鑑別度
	A	B	C	D*		
高分組	15316	7914	19191	17496	0.20	0.18
低分組	19920	16421	16598	6962		

（二）91 學年度試題

依照中國文字的造字原則，「街」字在「六書」中應該屬於：[61]

(A)象形　　　　(B)指事　　　　(C)會意　　　　(D)形聲

組別	選項				難度	鑑別度
	A	B	C	D*		
高分組	11258	10975	31931	3342	0.08	-0.05
低分組	16465	14344	20241	6427		

連橫〈臺灣通史序〉：「是以郢書燕說，猶存其名；晉乘楚杌，語多可採。」上文意在告人：[62]

(A)史書多失其實，不可盡信

(B)史書文字脫誤，真偽難辨

(C)史料殘缺不全，多穿鑿附會

(D)史料得來不易，宜善予珍惜

組別	選項				難度	鑑別度
	A	B	C	D*		
高分組	5449	3511	29357	19245	0.30	0.08
低分組	6827	6974	28906	14825		

下列有關公文「函」的說明，何者錯誤？[63]

(A)函是各機關處理公務使用的文書，有上行文、平行文、下行文之分

(B)函的本文，一般分「主旨」、「說明」、「辦法」三段；若

---

[61] 91 學年度四技二專統一入學測驗國文科試題，第 4 題。

[62] 91 學年度四技二專統一入學測驗國文科試題，第 17 題。

[63] 91 學年度四技二專統一入學測驗國文科試題，第 28 題。

案情簡單，可用「主旨」一段完成者，則盡量用一段完成
(C)「說明」一段，段名可視需要改為「經過」、「原因」等
(D)「辦法」一段須重複「主旨」的內容，同時加上希望對方辦
理的期望目的語，如「請　核示」、「請查照辦理」等

組別	選項				難度	鑑別度
	A	B	C	D*		
高分組	5817	20819	10480	20393	0.27	0.18
低分組	11272	20037	15988	10190		

根據上文，賈充的女兒為什麼要盛自拂拭？[64]
(A)掩飾偷情行為　　　(B)學習打理家務
(C)欲與女婢競艷　　　(D)女為悅己者容

組別	選項				難度	鑑別度
	A	B	C	D*		
高分組	19320	2723	1607	33913	0.46	0.26
低分組	17222	7813	13315	19168		

下列文句「」內的成語，何者使用正確？[65]
(A)張先生樂善好施的義行，值得大家「群起效尤」
(B)在強大的威脅下，使他「噤若寒蟬」，不敢指證
(C)兩位主持人默契十足，是不可多得的「一丘之貉」
(D)熟讀說明書，操作起來就能像「緣木求魚」般得心應手

---

[64] 91 學年度四技二專統一入學測驗國文科試題，第 38 題。
[65] 91 學年度四技二專統一入學測驗國文科試題，第 45 題。

組別	選項				難度	鑑別度
	A	B*	C	D		
高分組	37413	18786	666	646	0.29	0.07
低分組	23889	14836	7634	10935		

（三）92 學年度試題

下列「」內字的注音，何者正確？[66]

(A)不「忮」不求：ㄐㄧˋ　　(B)「蕞」爾小國：ㄗㄨㄟˋ

(C)光彩「熠」熠：ㄓㄜˊ　　(D)身體「羸」弱：ㄧㄥˊ

組別	選項				難度	鑑別度
	A	B*	C	D		
高分組	11022	11051	12123	20835	0.18	0.04
低分組	15888	8974	18524	11621		

下列文句中的「薄」字，何者意義與其他三者不同？[67]

(A)「薄」海歡騰　　(B)「薄」暮冥冥

(C)日「薄」西山　　(D)門衰祚「薄」

組別	選項				難度	鑑別度
	A	B	C	D*		
高分組	23684	1112	7690	22558	0.39	0.04
低分組	15974	8193	10694	20119		

---

[66] 92 學年度四技二專統一入學測驗國文科試題，第 1 題。

[67] 92 學年度四技二專統一入學測驗國文科試題，第 3 題。

下列各組文句「」內字形相同的字，何者意義兩兩相同？[68]

(A)舍正「路」而不由／篳「路」藍縷，以啟山林

(B)「屬」予作文以記之／武仲以能「屬」文，為蘭臺令史

(C)伏「惟」聖朝以孝治天下／洪「惟」我祖先，渡大海，入荒陬

(D)倉腐寄頓，「陳」陳逼人／向之所欣，俛仰之間，已為「陳」跡

組別	選項				難度	鑑別度
	A	B	C*	D		
高分組	9109	14314	31057	553	0.44	0.25
低分組	8065	24119	17137	5636		

下列文句「相」字的用法，何者與「過足下，方溫經，猥不敢相煩」的「相」字相同？[69]

(A)文人「相」輕，自古而然

(B)管仲「相」桓公，霸諸侯，一匡天下

(C)生不能「相」養以共居，歿不能撫汝以盡哀

(D)危而不持，顛而不扶，則將焉用彼「相」矣

組別	選項				難度	鑑別度
	A	B	C*	D		
高分組	13746	3416	28943	8904	0.42	0.22
低分組	8527	11999	16887	17503		

---

[68] 92 學年度四技二專統一入學測驗國文科試題，第 4 題。

[69] 92 學年度四技二專統一入學測驗國文科試題，第 5 題。

下列人物，何組不應列入「臺灣現代文學作家」傳記？[70]

(A)梁實秋、陳之藩　　　　　(B)琦君、張曉風

(C)鄭愁予、余光中　　　　　(D)徐志摩、朱光潛

組別	選項				難度	鑑別度
	A	B	C	D*		
高分組	19134	5120	3193	27572	0.35	0.29
低分組	15598	17699	10135	11514		

下列文句，何者<u>沒有錯</u>別字？[71]

(A)面對鎖碎的事務，要懂得以簡馭繁

(B)我國少棒選手在國際比賽中傑報頻傳，令人興奮

(C)班上的同學會，他經常缺席，已經被列入緊急通輯名單

(D)美國哥倫比亞太空梭爆炸事件，是今年春節最令人震撼的新
聞

組別	選項				難度	鑑別度
	A	B	C	D*		
高分組	8238	2655	2753	41401	0.60	0.31
低分組	6285	8232	15959	24452		

下列各選項「」內的注音寫成國字，何者兩兩相同？[72]

(A)我沉「ㄇㄛˋ」，但這並不代表對你就「ㄇㄛˋ」不關心

(B)「ㄇㄥˋ」失鬼指的就是那些容易「ㄇㄥˋ」然行事的傢伙

(C)長期處在「ㄐㄧ」餓狀態，怪不得他一副面黃「ㄐㄧ」瘦的模樣

(D)諸葛亮任蜀相後，事必「ㄍㄨㄥ」親，萬分辛勞，於是『鞠「ㄍㄨㄥ」盡瘁，死而後已』便成了他的宿命

組別	選項				難度	鑑別度
	A	B	C	D*		
高分組	3309	16119	12195	23414	0.30	0.24
低分組	10086	15251	19426	10142		

下列畫線的語詞，何者是明顯多出來的贅詞？[73]

今年二月五日，臺灣（甲）當日的報紙，首次經由金廈「小三通」（乙）航線途徑（丙）正式在廈門登陸。有了直航快遞，此後當地訂閱臺灣報紙的用戶，（丁）肯定會直線上升。

(A)甲　　　(B)乙　　　(C)丙　　　(D)丁

組別	選項				難度	鑑別度
	A	B*	C	D		
高分組	30765	19243	3858	1145	0.29	0.12
低分組	20868	12784	13250	7854		

（四）93 學年度試題

---

[73] 92 學年度四技二專統一入學測驗國文科試題，第 44 題。

關於下列兩首詩的敘述，何者正確？[74]

甲、勝敗兵家事不期，包羞忍恥是男兒；江東子弟多才俊，捲土重
　來未可知。—杜牧〈題烏江〉

乙、百戰疲勞壯士哀，中原一敗勢難回；江東子弟今雖在，肯為君王
　捲土來。—王安石〈烏江亭〉

(A)甲詩同情項羽兵敗烏江

(B)乙詩批評項羽不識時務

(C)二詩皆認為項羽應該捲土重來

(D)　二詩主題皆在描寫戰爭的慘烈

組別	選項				難度	鑑別度
	A*	B	C	D		
高分組	21574	9385	13337	3973	0.27	0.36
低分組	4379	6987	21003	15793		

下列「」內的句子，何者屬於「倒裝」句？[75]

(A)「日割月削」，以趨於亡　　　(B)「之子于歸」，宜其室家

(C)言利辭倒，「不求其實」　　　(D)皇天無親，「惟德是輔」

組別	選項				難度	鑑別度
	A	B	C	D*		
高分組	1343	21373	1680	23900	0.34	0.30
低分組	8771	17671	12337	9364		

下列文句「」內的解釋，何者正確？[76]

(A)吳中大飢，「殍殣枕路」：災民臥在街上抗議

(B)自春至夏，居民「空巷出遊」：成群結隊熱鬧出遊

(C)杭州不恤荒政，「嬉遊不節」：態度散漫又不懂禮節

(D)仰食于公私者，日「無慮數萬人」：數萬人皆無憂無慮

組別	選項				難度	鑑別度
	A	B*	C	D		
高分組	6859	18278	7163	15974	0.28	0.19
低分組	10025	9202	16034	12830		

作者透過「以大學教授口吻說話的青蛙」和「像一隻老青蛙的青蛙」相互對照，想表達的主題意涵是：[77]

(A)提醒世人「多行不義必自斃」

(B)闡述「物競天擇，適者生存」的道理

(C)諷刺「以大學教授口吻說話的青蛙」孤陋寡聞

(D)凸顯「像一隻老青蛙的青蛙」對生命體會的深刻

組別	選項				難度	鑑別度
	A	B	C	D*		
高分組	587	9383	6733	31607	0.44	0.43
低分組	3090	29666	4636	10743		

---

[76] 93 學年度四技二專統一入學測驗國文科試題，第 34 題。

[77] 93 學年度四技二專統一入學測驗國文科試題，第 36 題。

下列文句「」內的成語，何者使用正確？[78]

(A)長官往生後，部屬們無不「惆瘝在抱」

(B)他今年爭取到的業績真是「罄竹難書」

(C)利益所在，商人們都「兄弟鬩牆」的爭奪

(D)大學畢業後，他決定「克紹箕裘」，繼承祖業

組別	選項				難度	鑑別度
	A	B	C	D*		
高分組	12937	3362	3548	28398	0.41	0.36
低分組	11021	11668	14513	10765		

（五）94 學年度試題

下列何者是公文程式的最新變革？[79]

(A)採用由左而右橫式書寫

(B)公文文字應加具標點符號

(C)得以電子文件傳送

(D)一律採用主旨、說明二段敘述

組別	選項				難度	鑑別度
	A*	B	C	D		
高分組	13108	2265	23414	7062	0.21	0.15
低分組	6250	4817	22553	12113		

---

[78] 93 學年度四技二專統一入學測驗國文科試題，第 43 題。

[79] 94 學年度四技二專統一入學測驗國文科試題，第 20 題。

「石」字的「⌐」畫的是山崖，「▢」是石頭的形狀，因此，依造字法則應屬於六書中的 甲 。

甲 處最恰當的選項是：[80]

(A)象形　　　　　　(B)指事

(C)會意　　　　　　(D)形聲

組別	選項				難度	鑑別度
	A*	B	C	D		
高分組	34359	3952	7375	166	0.73	0.05
低分組	32236	5237	5828	2443		

傳說 乙 煉五色石以補蒼天，惟剩下頑石一塊，棄於青埂峰下。此石既無才補天，於是幻形入世，成為小說 丙 中膾炙人口的主角人物。

丙 處最恰當的選項是：[81]

(A)《紅樓夢》　　　　(B)《水滸傳》

(C)《西遊記》　　　　(D)《聊齋誌異》

組別	選項				難度	鑑別度
	A*	B	C	D		
高分組	15484	1418	19728	9226	0.23	0.22
低分組	5391	8666	10334	21354		

---

[80] 94 學年度四技二專統一入學測驗國文科試題，25 題。

[81] 94 學年度四技二專統一入學測驗國文科試題，第 27 題。

下列文句所引用的詩句，何者使用恰當？[82]

(A)人生就是要放寬胸懷，看淡得失，「莫聽穿林打葉聲，何妨吟嘯且徐行」才能自在過日

(B)真是冤家路窄，正當「山重水複疑無路」時，卻「柳暗花明又一村」，碰上了死對頭

(C)有道是「近水樓臺先得月，向陽花木易為春」，所以我們要立志向上，大處著眼，小處著手

(D)他被解雇之後走投無路，「揀盡寒枝不肯棲，寂寞沙洲冷」，寧可餓肚子，也不願打雜做小工

組別	選項				難度	鑑別度
	A*	B	C	D		
高分組	26801	569	3407	15028	0.39	0.40
低分組	8609	11546	12560	12873		

---

[82] 94 學年度四技二專統一入學測驗國文科試題，第 44 題。

第六章　試題的選擇與改進

第一節　優良試題的選擇

選擇優良的試題，可以從三方面考慮[1]：

（1）試題的效度：試題必須能夠測量到它所要測量的能力目標。

（2）測驗的用途：常模參照測驗的試題，挑選難易適中者即可。

（3）試題的品質：挑選鑑別度指標較高的試題。

根據第四章「試題的品質分析」，90 學年度至 94 學年度的「四技二專統一入學測驗國文科」的 255 個試題，在由「語言」、「文學」、「文化」三大「知識向度」與「記憶」、「了解」、「應用」、「分析」、「評鑑」、「創作」六個「認知歷程向度」所構成的「雙向細目表」中，均可找到適當的位置，因此符合「內容效度」。接下來的問題，便是參考第五章「試題的量化分析」結果，從「難度指標」、「鑑別度指標」與「選項誘答力」三方面，進行試題的挑選與修改。

　　一個比較常被採用的挑選步驟，是「先選出鑑別力較高的試題，然後，再從中選出難度指數較適中的題目」[2]。美國測驗學者 Eble 與 Frisbie 曾提出一套鑑別度的判斷標準，D 值若在

---

[1] 余民寧，《教育測驗與評量──成就測驗與教學評量》（台北：心理出版社，2004 年），頁 235。

[2] 郭生玉，《心理與教育測驗》（台北：精華書局，1995 年），頁 271。

0.20 以下，即可視為品質不良的試題（參閱表 6-1）[3]：

表 6-1

鑑別度指標	試題評鑑結果
D≧0.40	非常優良
0.30≦D≦0.39	優良，但可能需要修改
0.20≦D≦0.29	尚可，通常須局部修改
D≦0.19	劣，須淘汰或修改

若「鑑別度指標」在可接受的標準以上，「難度指標」應該如何斟酌？有些專家主張「以 0.40 到 0.70 之間的難度指標範圍做為選擇標準」，或「以 0.40 到 0.80 之間的難度指標範圍做為『選擇題』的挑選標準」[4]，也有學者指出：「目前大多數已出版的屬於常模參照解釋的性向和成就測驗，其題目通常介於 0.60 至 0.80 之間，這似乎不符合 P_i＝0.50 時，可使變異量達到最大之要求。主要的原因是這些測驗的題型通常都屬於選擇題，有猜對的可能，因此，最有鑑別力的難度應高於 0.50。」[5]

依據上述，若以「鑑別度指標在 0.30 以上」且「難度指標在 0.40 到 0.80 之間」為標準，我們可以從 90 學年度至 94 學年

---

[3] 引自郭生玉，《心理與教育測驗》（台北：精華書局，1995 年），頁 271；余民寧，《教育測驗與評量——成就測驗與教學評量》（台北：心理出版社，2004 年），頁 236。

[4] 余民寧，《教育測驗與評量——成就測驗與教學評量》（台北：心理出版社，2004 年），頁 236；郭生玉，《心理與教育測驗》（台北：精華書局，1995 年），頁 271。

[5] 吳裕益，〈傳統題目分析方法〉，《題庫專輯》（台南：台南師範學院測驗發展中心，1991 年），頁 29。

度的「四技二專統一入學測驗國文科」試題中,選出「優良」
的 154 個試題,依「知識向度」列舉如表 6-2:

表 6-2

語言	語音	常用字的讀音	90001 91001 92002 93001 94001 94002
		雙聲、疊韻	91003 93002
	文字	常用字的字形	90005 90007 91006 91007 92040 92041 94041 94042
		象形、會意、形聲等基本造字原則	
	詞彙	詞彙系統中的重要詞聚	91012
	語法	常用標點符號	91008
		基本詞類	90009 92014 93033 94016 94038
		常用的語氣和語態	
		常見的詞組構成方式	90022 90027 91022 93016
		常見的句子構成方式	92016 92022 93022
		銜接句子組成語段的方式	91023 92017 93020 94018 94047
	修辭	常見修辭格	90045 91024 91041 92013 92020 93017 93018 94013 94015 94048
		符合交際場合的得體文辭	90039 91027 92025 93021 93047

		文句通順化	90030	90031	91046	91047	91049
			91050	92047	93041	93042	93044
			93045	93048	93049	94043	94046
		文句簡潔化	91042	91048	92050	93046	
	語義	詞義的演變					
		詞的意義	90008	90010	90015	90026	90028
			90035	90036	90050	91009	91016
			91039	92006	92007	92011	92035
			93003	93004	93005	93043	94003
			94004				
		句子的意義	90013	90020	90021	90041	90043
			90046	91015	94014	94019	94034
		語段的意義	91011	90012	90017	90040	91020
			91036	91037	92008	92009	92012
			92034	92037	92038	92038	93011
			93014	93015	93026	93027	93029
			93031	93032	93035	93036	94008
			94009	94010	94012	94023	94028
			94031	94033			
文學		重要作家	91034	93023			
		重要作品	90048	90051	91030	91031	92024
			92029	93025	94021	94024	94026
			94032				
		重要應用文	90038	90053			
		重要文學體類					
		文學基本要素					

	敘述手法與細節布置	92028
	作品的風格	94050
文化	儒家及其他重要思想的基本主張	90049　91032　93037　94022
	普通文化常識	92023

上表中有五項沒有試題：「語言」領域的「象形、會意、形聲等基本造字原則」、「常用的語氣和語態」、「詞義的演變」，以及「文學」領域的「重要文學體類」、「文學基本要素」，其原因說明如後：

（1）「常用的語氣和語態」和「文學基本要素」是因為五年來沒有考過任何一個相關範圍的試題。

（2）「詞義的演變」只在 94 學年度考過一題，雖然「鑑別度」很高，「難度」卻也過高。

（3）「重要文學體類」五年來考過兩題，但兩題都是「低鑑別度」試題。

（4）「象形、會意、形聲等基本造字原則」五年來出過三題，92 學年度第 10 題屬「中鑑別度」，91 學年度第 4 題和 94 學年度第 25 題則都屬於「低鑑別度」試題。

第二節　應修改的試題

雖然「難度指標」、「鑑別度指標」、「選項誘答力分析」等數據統計資料，是評鑑個別試題有效與否的適當途徑，但專家

仍提醒我們：

> 選擇題目的最好方法，是兼顧試題分析的資料和邏輯分
> 析的結果。一般而言，邏輯分析的考慮應該比試題分析
> 的結果更為優先。[6]

這是因為「古典測驗理論所採用的係數指標，諸如難度、鑑別
度、信度等，都是一種樣本依賴（sample dependent）的指標；
也就是說，這些指標的獲得，會因為接受測驗的受試者樣本不
同而不同」[7]，所以，「判斷試題品質的優劣，應以題目是否能測
量重要的教學目標或學習結果為主要依據，而非以題目的難度
和鑑別力的高低為唯一依據」，「鑑別力指數並不等於題目效
度」，且「鑑別指數低未必表示試題有缺點」[8]。

　　90 學年度至 94 學年度的「四技二專統一入學測驗國文科」
的 255 個試題中，除了 90 學年度第 19 題、第 47 題、以及 91
學年度第 40 題有疑義而無法進行量化分析，在上一節裡，我們
已經從其餘的 252 個試題中遴選出 154 個具有「高鑑別度」且
「難度適中」的試題，但這並不表示剩下的 98 個試題都是不理
想的。例如 91 學年度第 45 題，請考生就以下四句，選出「 」
內成語使用正確者：

　　(A)張先生樂善好施的義行，值得大家「群起效尤」

---

[6] 郭生玉，《心理與教育測驗》（台北：精華書局，1995 年），頁 280。

[7] 余民寧，《教育測驗與評量——成就測驗與教學評量》（台北：心理出版社，
2004 年），頁 20。

[8] 郭生玉，《心理與教育測驗》（台北：精華書局，1995 年），頁 278-279。

(B)在強大的威脅下，使他「噤若寒蟬」，不敢指證

(C)兩位主持人默契十足，是不可多得的「一丘之貉」

(D)熟讀說明書，操作起來就能像「緣木求魚」般得心應手

測驗結果，該題「鑑別度指標」為極低的 0.07，「難度指標」為偏難的 0.29，且高分組誤選(A)選項者多於低分組，照說該題應大幅修改或汰除。但這幾個成語其實都相當常用，(A)選項「群起效尤」遭誤用的情況，目前更是嚴重（蓋「尤」乃「過失」之意），豈能因為大眾「積非成是」而否定考這個成語「正確用法」的意義？因此，本節乃參考第五章的量化分析結果，將 42 個高難度試題（其中 16 題為誘答選項異常的試題）、21 個低鑑別度試題（其中 12 題為誘答選項異常的試題）、29 個誘答選項異常的試題一一斟酌，列舉最需要修改的試題及其修改方式如後：

【原始試題】

下列各詞語，何者<u>沒有</u>錯別字？[9]

(A)渾渾惡惡（藝術與科學）

(B)觸目驚心（母親的書）

(C)自感歉咎（田園之秋）

(D)飛揚跋扈（蒼蠅與我）

【試題分析結果】

1.鑑別度尚可（鑑別度指標 0.22）

2.難度太高（難度指標 0.36，通過率偏低）

3.高分組誤選(C)選項者多於低分組

---

[9] 90 學年度四技二專統一入學測驗國文科試題，第 4 題。

【試題修改方式】

(C)慚愧欠疚

【試題修改說明】

「咎」為「罪過」之意，誘答力過高，故將「咎」改回正字「疚」，另以「欠」代「歉」，降低試題的難度。

【原始試題】

閱讀下文，依序為□選擇最恰當的字：[10]

他們投入地方建設的心力，大家有目共□，因此在民意代表選舉中，果然不□眾望，高票當選

(A)睹／富　　(B)堵／富　　(C)睹／負　　(D)堵／負

【試題分析結果】

1.鑑別度不理想（鑑別度指標 0.14）

2.難度太低（難度指標 0.92，通過率過高）

3.(A)、(B)選項幾乎無誘答力

【試題修改方式】

(A)睹／付

(B)賭／付

【試題修改說明】

(A)、(B)選項的共同點是：將「不負眾望」寫為「不富眾望」，誘答效果極低，因此改為「不付眾望」，以提高選項誘答力。

───────────────

[10] 93 學年度四技二專統一入學測驗國文科試題，第 38 題。

【原始試題】

下列成語何者可用於對人讚美？[11]

(A)刻舟求劍（察今）

(B)郢書燕說（台灣通史序）

(C)青出於藍（勸學）

(D)向聲背實（典論論文）

【試題分析結果】

1.鑑別度不理想（鑑別度指標 0.13）

2.難度太低（難度指標 0.93，通過率過高）

3.(A)、(B)、(D)選項幾乎無誘答力

【試題修改方式】

(A)處心積慮

(B)遷客騷人

(C)大筆如椽

(D)抱薪救火

【試題修改說明】

原題(C)為常用的讚美之語，(A)、(B)、(D)三選項幾乎無誘答效果，因此將原本的正答(C)改為「大筆如椽」，常用於讚美對方文筆極佳；(A)、(B)、(D)三選項亦同時更換，以提高選項誘答力。

---

[11] 90 學年度四技二專統一入學測驗國文科試題，第 33 題。

【原始試題】

「翡冷翠的建築給人的印象是蒼老，但是精緻，尤其那不留一點空隙的精雕細琢的圖紋，更令人□□□□。」缺空的成語宜填：[12]

(A)嘆為觀止　　　　(B)從容指顧
(C)兢兢業業　　　　(D)奉為圭臬

【試題分析結果】

1.鑑別度不理想（鑑別度指標 0.18）
2.難度太低（難度指標 0.89，通過率過高）
3.(B)、(C)選項幾乎無誘答力

【試題修改方式】

(B)氣象維新
(C)近悅遠來

【試題修改說明】

原題(B)、(C)選項幾乎無誘答效果，因此修改(B)、(C)以提高選項誘答力。

【原始試題】

「求也退，故進之；由也兼人，故退之。」（論語・先進）此句所表現孔子的教育精神是：[13]

---

[12] 90 學年度四技二專統一入學測驗國文科試題，第 29 題。
[13] 91 學年度四技二專統一入學測驗國文科試題，第 37 題。

(A)循循善誘　　　　(B)注重啓發
(C)因材施教　　　　(D)有教無類

【試題分析結果】

1.鑑別度尚可（鑑別度指標0.22）

2.難度適中（難度指標0.48）

3.高分組誤選(A)、(B)選項者多於低分組

【試題修改方式】

(A)獎懲分明

【試題修改說明】

高分組誤選(A)選項者過多，因此從「進」、「退」的字面聯想，將(A)改為「獎懲分明」，降低(A)選項的誘答力。

【原始試題】

下列各句，何者沒有錯別字？[14]

(A)戀人相視總是含情默默，一切盡在不言中

(B)經過老師的講解後，我終於惡然開朗，心中不再有疑問了

(C)做任何事都要堅持到最後一刻，否則功虧一匱，仍然失敗

(D)他說話總喜歡掉弄玄虛，結果惹來不必要的麻煩

【試題分析結果】

1.鑑別度不理想（鑑別度指標0.18）

2.難度太高（難度指標0.20，通過率偏低）

---

[14] 90學年度四技二專統一入學測驗國文科試題，第42題。

3.高分組誤選(C)選項者多於低分組

【試題修改方式】

(C)做任何事都要堅持到最後一刻，否則功虧一潰，仍然失敗

【試題修改說明】

選項中「功虧一匱」應作「功虧一簣」，「匱」字已是相當明顯的同音別字，但因高分組誤選(C)選項者偏多，故改為「潰」，降低(C)選項的誘答力。

【原始試題】

下列「」內字的注音，何者正確？[15]

(A)不「忮」不求：ㄐㄧˋ   (B)「蕞」爾小國：ㄕㄨㄟˋ

(C)光彩「熠」熠：ㄓㄜˊ   (D)身體「羸」弱：ㄧㄥˊ

【試題分析結果】

1.鑑別度不理想（鑑別度指標 0.04）

2.難度太高（難度指標 0.18，通過率偏低）

3.高分組誤選(D)選項者多於低分組

【試題修改方式】

(D)「湔」雪前恥：ㄑㄧㄢˊ

【試題修改說明】

「羸」，音ㄌㄟˊ，「羸弱」一詞目前甚少使用，故改考較常

用的字，降低試題的難度，藉以提高試題的鑑別度。

【原始試題】

下列畫線的語詞，何者是明顯多出來的贅詞？[16]

今年二月五日，臺灣（甲）<u>當日</u>的報紙，首次經由金廈「小三通」（乙）<u>航線途徑</u>（丙）<u>正式</u>在廈門登陸。有了直航快遞，此後當地訂閱臺灣報紙的用戶，（丁）<u>肯定會</u>直線上升。

(A)甲　　　　(B)乙　　　　(C)丙　　　　(D)丁

【試題分析結果】

1.鑑別度不理想（鑑別度指標 0.12）

2.難度太高（難度指標 0.29，通過率偏低）

3.高分組誤選(A)選項者多於低分組

【試題修改方式】

今年二月五日，臺灣報紙（甲）<u>首次</u>經由金廈「小三通」（乙）<u>航線途徑</u>（丙）<u>正式</u>在廈門登陸。有了直航快遞，此後當地訂閱臺灣報紙的用戶，（丁）<u>肯定會</u>直線上升。

【試題修改說明】

由於語段一開始已提到「二月五日」，因此「當日」很容易被當成是贅詞，無論高、低分組，選「當日」者均遠比選「航線」者多，故將（甲）移至「首次」。

---

[16] 92 學年度四技二專統一入學測驗國文科試題，第 44 題。

【原始試題】

下列「」內的句子，何者屬於「倒裝」句？[17]

(A)「日割月削」，以趨於亡　　　(B)「之子于歸」，宜其室家

(C)言利辭倒，「不求其實」　　　(D)皇天無親，「惟德是輔」

【試題分析結果】

1.鑑別度頗佳（鑑別度指標 0.30）

2.難度太高（難度指標 0.34，通過率偏低）

3.高分組誤選(B)選項者多於低分組

【試題修改方式】

(B)事無大小，「悉以咨之」

【試題修改說明】

本題鑑別度頗佳，唯(B)選項對高分組考生造成混淆，應是對「之子于歸」意義不理解所致，因此改以〈出師表〉中較熟悉的文句取代。

【原始試題】

下列文句「」內的成語，何者使用正確？[18]

(A)長官往生後，部屬們無不「恫瘝在抱」

(B)他今年爭取到的業績真是「罄竹難書」

(C)利益所在，商人們都「兄弟鬩牆」的爭奪

(D)大學畢業後，他決定「克紹箕裘」，繼承祖業

---

[17] 93 學年度四技二專統一入學測驗國文科試題，第 19 題。

[18] 93 學年度四技二專統一入學測驗國文科試題，第 43 題。

【試題分析結果】

1.鑑別度頗佳（鑑別度指標 0.36）

2.難度太高（難度指標 0.41，通過率偏低）

3.高分組誤選(A)選項者多於低分組

【試題修改方式】

(A)長官往生後，部屬們無不「桃李興悲」

【試題修改說明】

「恫瘝在抱」一詞，意謂執政者視民如傷，願意將百姓的痛苦時時放在心上。唯此成語較難，因此改為用於弔唁老師的「桃李興悲」。

【原始試題】

下列文句所引用的詩句，何者使用恰當？[19]

(A)人生就是要放寬胸懷，看淡得失，「莫聽穿林打葉聲，何妨吟嘯且徐行」才能自在過日

(B)真是冤家路窄，正當「山重水複疑無路」時，卻「柳暗花明又一村」，碰上了死對頭

(C)有道是「近水樓臺先得月，向陽花木易為春」，所以我們要立志向上，大處著眼，小處著手

(D)他被解雇之後走投無路，「揀盡寒枝不肯棲，寂寞沙洲冷」，寧可餓肚子，也不願打雜做小工

---

[19] 94 學年度四技二專統一入學測驗國文科試題，第 44 題。

【試題分析結果】

1.鑑別度優良（鑑別度指標 0.40）

2.難度太高（難度指標 0.39，通過率偏低）

3.高分組誤選(D)選項者多於低分組

【試題修改方式】

(A)他被解雇之後走投無路，卻「粉身碎骨渾不怕，要留清白在人間」，寧可餓肚子，也不願打雜做小工

【試題修改說明】

「揀盡寒枝不肯棲，寂寞沙洲冷」意謂基於自己堅持的理想或原則，不肯屈就，苟合世俗。原來(D)選項的文句，「他」是「被解雇」而不是主動求去，故與「揀盡寒枝不肯棲，寂寞沙洲冷」不合，但「不願打雜做小工」其實也是一種堅持和原則，未必全然不符，因此改為「粉身碎骨渾不怕，要留清白在人間」，「不願打雜做小工」和「要留清白在人間」無涉，應可降低(D)選項的誘答力。

【原始試題】

關於新文學運動，下列敘述何者錯誤？[20]

(A)民國八年展開白話文運動

(B)豐子愷撰寫〈文學改良芻議〉

(C)羅家倫曾是五四運動的健將

(D)胡適主張把死文學變為活文學

---

[20] 90 學年度四技二專統一入學測驗國文科試題，第 55 題。

【試題分析結果】

1.鑑別度不理想（鑑別度指標 0.18）

2.難度太高（難度指標 0.31，通過率偏低）

【試題修改方式】

關於民國初年的新文學運動，下列敘述何者<u>錯誤</u>？

(A)提倡白話文

(B)胡適是新文學運動的鼓吹者之一

(C)徐志摩反對新文學運動，故其詩重格律

(D)新文學運動之後，白話文成為書寫主流

【試題修改說明】

由於台灣在二○年代也有「新文學運動」，因此題幹應標明是「民國初年」的新文學運動。事實上，民國初年的「新文學運動」是「新文化運動」的一部分，其發生背景與政治、社會、思想的改革有關，但高中職學生對此可能並無認識，所以敘寫選項時只好避免提到這些較深入的知識。此外，原來的選項設計偏重於「運動發生在哪一年？」、「〈文學改良芻議〉是誰寫的？」、「胡適之外，還有哪些人是新文學運動健將？」，似乎過於苛細，因此做上述的修改。

【原始試題】

意義相反的二個單詞，其中一個單詞有義，另一單詞僅為陪襯、無義，此稱為「偏義複詞」。下列何句「」中之詞語屬於此類？
21

(A)如人飲水，「冷暖」自知（學問之趣味）
(B)「去來」江口守空船（琵琶行并序）
(C)公今可去探他「虛實」，卻來回報（用奇謀孔明借箭）
(D)「小大」之獄，雖不能察，必以情（曹劌論戰）

【試題分析結果】
本題無唯一正答，無法統計數據。

【試題修改方式】
(B)歸「去來」兮，田園將蕪，胡不歸
(C)不問可否，不論「曲直」，非秦者去，為客者逐

【試題修改說明】
本題(B)選項「去來江口守空船」，可能意指「去江口守空船」，
但有可能是「守著空船在江口來來去去」；(C)選項的「探他虛
實」，可能意指「打探其缺虛」，但也可能是「打探其缺虛與
實力」；故「去來」、「虛實」都不一定是「偏義複詞」。(B)、
(C)經修改後，「去來」為「偏義複詞」，「曲直」必非「偏義
複詞」，可使本題有唯一正解。

【原始試題】

一彎弧線，輕柔地
承載天地所有的重負
一條會唱歌的溪流
把一粒一粒頑石

雕成剔透的水晶　（林廣〈微笑〉）

「一條會唱歌的溪流／把一粒一粒頑石／雕成剔透的水晶」意謂：[22]

(A)微笑是人類最精緻的表情

(B)微笑可以讓世界更美好

(C)微笑可以提高友誼的價值

(D)微笑是教育的最佳方式

【試題分析結果】

本題無唯一正答，無法統計數據。

【試題修改方式】

(D)微笑是雕刻的頂尖技術

【試題修改說明】

詩句是將「微笑」比喻成「會唱歌的溪流」，凡微笑流過的地方，所有如頑石般的環境，都會如水晶般澄澈透明，令人賞心悅目。因此在四個選項中，以(B)最貼近詩意。但因「頑石被雕成水晶」，會讓人聯想到《禮記·學記》的「玉不琢，不成器」，則「微笑」似乎也可以是點石成「晶」的教育方式，故修改(D)選項，只從文字表面做詩句的解釋。

---

[22] 91 學年度四技二專統一入學測驗國文科試題，第 40 題。

第三節　宜汰除的試題

　　少數試題分析結果不理想的試題，在參照測驗內容的「邏輯分析」之後，其實應該汰除，茲列舉說明如後：

【原始試題】

依照中國文字的造字原則，「街」字在「六書」中應該屬於：[23]
(A)象形　　　　　(B)指事　　　　　(C)會意　　　　(D)形聲

【試題分析結果】

1.鑑別度不理想（鑑別度指標－0.05）

2.難度太高（難度指標 0.08，通過率偏低）

3.高分組誤選(C)選項者多於低分組

【試題修改方式】

汰除此題

【試題修改說明】

　　該題是「四技二專統一入學測驗國文科」五年來通過率最低、且唯一「鑑別度指標」為負值的試題。由於高達 90%以上的考生在「象形」、「指事」、「會意」間亂猜，僅不到 10%的考生選答「形聲」，致使此題全無鑑別度。

　　命題者或許認為，課本介紹「六書」中的「形聲」字時，通常必舉「從水，工聲」的「江」字為例，聲符「工」的聲母「ㄍ」，與「江」的聲母「ㄐ」是一種古今音變的情況，「街」

---

[23] 91 學年度四技二專統一入學測驗國文科試題，第 4 題。

字「從行，圭聲」，同樣也是聲符「圭」的聲母為「ㄍ」，而「街」的聲母卻為「ㄐ」。但事實上，教師在上課時並不會從「聲韻學」的角度解釋何以「形聲」字的「聲符」與該字讀音不同。是以該題已因涉及專業知識而流於艱澀，應予汰除。

【原始試題】

「石」字的「「厂」畫的是山崖，「 ○ 」是石頭的形狀，因此，依造字法則應屬於六書中的　甲　。傳說　乙　煉五色石以補蒼天，惟剩下頑石一塊，棄於青埂峰下。此石既無才補天，於是幻形入世，成為小說　丙　中膾炙人口的主角人物。

甲　處最恰當的選項是：[24]

(A)象形　　　　(B)指事　　　　(C)會意　　　　(D)形聲

【試題分析結果】

1.鑑別度不理想（鑑別度指標 0.05）

2.高分組誤選(C)選項者多於低分組

【試題修改方式】

汰除此題

【試題修改說明】

　　該題選正答「象形」者有 76%，選「指事」、「會意」、「形聲」者分別是 8%、13%、2%。一般來說，這樣的作答狀況並不會造成 0.05 的超低鑑別度，除非(C)選項對高分組的誘答力極強，果然我們從選項分析中證實了這個推測。也就是說，考生

若看到題幹中出現「畫的是……的形狀」，不要想太多而直覺選擇「象形」，容易答對本題；但程度較佳、熟記「會意」定義的考生，反而有可能把題幹中的兩個圖象都當成「象形」字，而誤判「石」字為「會意」字。

　　依據許慎《說文解字》，「石」字應是用「厂」這個表示「山崖」的「象形」字，強調「口」（石塊）的位置，「口」在此並非另一個「象形」字，所以「石」字應是「合體」或「增體」的「象形」字，而不是「會意」字。

　　但依據甲骨文，「石」字或作 ，或作 。季旭昇《說文新證》云：第一形「似象磐石之形，第二形加『口』形，《甲骨文字詁林》2253 號案語謂『以示區分』，可信，《說文》以為『口』象形，不可從」，並認為「石」在「六書」方面可歸為「增筆區別指事字」[25]。若然，則「石」字在「六書」的歸類恐有爭議，並不適合做為測驗素材，故本題應予汰除。

【原始試題】

「石」字的「厂」畫的是山崖，「口」是石頭的形狀，因此，依造字法則應屬於六書中的 甲 。傳說 乙 煉五色石以補蒼天，惟剩下頑石一塊，棄於青埂峰下。此石既無才補天，於是幻形入世，成為小說 丙 中膾炙人口的主角人物。

丙 處最恰當的選項是：[26]

(A)《紅樓夢》　　　　　(B)《水滸傳》

(C)《西遊記》　　　　　(D)《聊齋誌異》

[25] 季旭昇，《說文新證》（台北：藝文印書館，2004 年），下冊，頁 86。
[26] 94 學年度四技二專統一入學測驗國文科試題，第 27 題。

【試題分析結果】

1.鑑別度尚可（鑑別度指標 0.22）

2.難度太高（難度指標 0.33，通過率偏低）

3.高分組誤選(C)選項者多於低分組

【試題修改方式】

汰除此題

【試題修改說明】

大多數考生都知道「女媧煉石補天」的神話，但《紅樓夢》的作者將這則神話做為賈寶玉、林黛玉「木石前盟」的張本，考生大多不知，且本卷高分組考生並未明顯因這一題而多獲分數，鑑別度僅 0.22，不甚理想。由於絕大多數考生只是透過課本範文〈劉老老〉略窺《紅樓夢》一二，並沒有真正讀過《紅樓夢》，因此並不適合考如此細微的小說情節。

【原始試題】

下列有關公文「函」的說明，何者<u>錯誤</u>？[27]

(A)函是各機關處理公務使用的文書，有上行文、平行文、下行文之分

(B)函的本文，一般分「主旨」、「說明」、「辦法」三段；若案情簡單，可用「主旨」一段完成者，則盡量用一段完成

(C)「說明」一段，段名可視需要改為「經過」、「原因」等

(D)「辦法」一段須重複「主旨」的內容，同時加上希望對方辦理的期望目的語，如「請　核示」、「請查照辦理」等

---

[27] 91 學年度四技二專統一入學測驗國文科試題，第 28 題。

【試題分析結果】

1.鑑別度不理想（鑑別度指標 0.18）

2.難度太高（難度指標 0.27，通過率偏低）

3.高分組誤選(B)選項者多於低分組

【試題修改方式】

汰除此題

【試題修改說明】

本題選對正答(D)者僅 25%，其餘有 15%選擇(A)，37%選擇(B)，23%選擇(C)。由於高中職學生不需寫作公文，在無實務經驗的情況下，考生對公文的格式自然相當陌生，「公文應分為幾段」、「每段的名稱可以是哪些」、「行文該用哪些套語較恰當」……等，只是一堆零碎記誦而無從應用的知識。因此，「應用文」的測驗素材，仍應從考生的實際生活面著眼，以「書信」、「柬帖」、「題辭」、「對聯」、「啟事」等較為恰當。

【原始試題】

下列何者是公文程式的<u>最新變革</u>？[28]

(A)採用由左而右橫式書寫

(B)公文文字應加具標點符號

(C)得以電子文件傳送

(D)一律採用主旨、說明二段敘述

---

[28] 94 學年度四技二專統一入學測驗國文科試題，第 20 題。

【試題分析結果】

1.鑑別度不理想（鑑別度指標 0.15）

2.難度太高（難度指標 0.27，通過率偏低）

3.高分組誤選(C)選項者多於低分組

【試題修改方式】

汰除此題

【試題修改說明】

正答為「由左而右橫式書寫」。但由於中學生並不接觸公文，因此對這項變革也不清楚，使得有 50%的考生誤選「得以電子文件傳送」。公文書是與時俱進的，格式每隔一段時間就會有所調整，本題或許意在引導同學認識此一特質，但由於這則「新知」大多數考生都無所知而只能亂猜，遂造成本題鑑別度只有0.15，難以藉本題判別考生程度的高低。

【原始試題】

下列各句「　」中之字、詞，何者有輕視傲慢之意？[29]

(A)長「跪」讀素書（飲馬長城窟行）

(B)項王按劍而「跽」（鴻門之宴）

(C)攀緣而登，「箕踞」而遊（始得西山宴遊記）

(D)賓客上謁，未嘗不「踞」床而見（虯髯客傳）

【試題分析結果】

---

[29] 90 學年度四技二專統一入學測驗國文科試題，第 18 題。

1.鑑別度不理想（鑑別度指標 0.12）
2.高分組誤選(B)選項者多於低分組

【試題修改方式】
汰除此題

【試題修改說明】

　　首先，題幹的敘述頗有問題，蓋四個選項中「」內的詞，都只是「跪」或「坐」的一種姿勢，這些姿勢並不帶有「輕視傲慢」的意涵；「輕視傲慢」的態度，主要是來自文句中「做這個動作的人」。

　　因此，我們若要了解上述文句「做這個動作的人」其態度是否「輕視傲慢」，必須要有足夠的上下文。以(B)選項而言，只憑一句「項王按劍而跽」，如何知道項羽「按劍」的態度是「輕視傲慢」？還是「恐懼害怕」？或者是「生氣憤怒」？必須回到《史記・項羽本紀》：「樊噲側其盾以撞，衛士仆地，噲遂入，披帷西嚮立，瞋目視項王，頭髮上指，目眥盡裂。項王按劍而跽曰：『客何為者？』」，才知道項王「按劍而跽」，乃是面對樊噲衝進鴻門宴會場的反應。其餘選項的「長跪」、「箕踞」、「踞」亦然。

　　本題以割裂文句的方式出題，且「跪」、「蹲」、「坐」等姿勢本身不會有「輕視傲慢」或其他意涵，須視動作者而定，故本題應予汰除。

【原始試題】

下列何者以散文筆法寫作？[30]
(A)劉勰〈情采〉
(B)蘇軾〈赤壁賦〉
(C)李白〈長干行〉
(D)酈道元《水經注》

【試題分析結果】
本題無唯一正答，無法統計數據。

【試題修改方式】
汰除此題

【試題修改說明】
本題題幹敘述容易產生歧義，「散文」究竟是相對於「韻文」而言？還是相對於「駢文」而言？若相對於「韻文」，蘇軾〈赤壁賦〉和李白〈長干行〉是「韻文」，劉勰〈情采〉和酈道元《水經注》為「散文」；若相對於「駢文」，劉勰〈情采〉是「駢文」，蘇軾〈赤壁賦〉可視為「散文」。故本題除非要對「散文筆法」做嚴謹的定義界說，否則無法修改。

第七章　試題的歷史研究

第一節　測驗取向的轉變

　　「四技二專統一入學測驗」與其最主要的前身——「四技二專工科日間部聯招考試」、「四技二專商科日間部聯招考試」，在「國文科」試題上有一項最明顯的差異，那就是「四技二專統一入學測驗國文科」取消了「寫作測驗」。過去的「四技二專工科日間部」和「四技二專商科日間部」兩項聯招考試，儘管「國文科」在「選擇題」部分稍有不同[1]，但有一點完全一樣，就是「選擇題」一律佔 60%，「作文」佔 40%，而新的「四技二專統一入學測驗國文科」則全部都採「選擇題」命題。這種做法其實也前有所承，在技專校院實施多年的「保送甄試」，86學年度的「國文科」試題便首度取消寫作題型，改用每題 4 分、

---

[1] 歸納 81 年度至 89 年度「四技二專工科日間部聯招考試」及「四技二專商科日間部聯招考試」的「國文科」試題「選擇題」部分，情況如下：（一）工科聯招：自 81 年度至 87 年度，「選擇題」均分為「字詞測驗」、「成語測驗」、「文意測驗」、「常識測驗」四部分，每部分均為 10 題，通常「成語測驗」和「文意測驗」每題 2 分，「字詞測驗」和「常識測驗」每題 1 分（唯 81 年度例外，該年「文意測驗」和「常識測驗」每題 2 分，「字詞測驗」和「成語測驗」每題 1 分）；88 及 89 年度「選擇題」不分專項，仍維持 40 題。（二）商科聯招：81 年度「選擇題」分為「綜合測驗」25 題、「閱讀測驗」5 題。82 至 83 年度都是「字詞測驗」10 題佔 10%，「成語測驗」10 題佔 10%，「文意測驗」15 題佔 30%，「常識測驗」10 題佔 10%。自 84 年度至 89 年度均不分專項，仍維持 40 題。

佔全卷 40%的「語文能力測驗」代替，此後的 87 及 88 學年度「保送甄試」、88 學年度「試辦推薦甄選」、89 學年度「聯合甄選學科能力測驗」，「國文科」都是沒有作文，只有選擇題。

　　因此，若將「試題」類比為一種「文類」，視「不考作文」為一種「習例」，則「統一入學測驗」與「聯招」是可以看做「試題演變」的兩個不同時期：

> 文學的時代劃分應該以純文學的標準來建立。……因此一個時代便是一段被某一文學標準規範和習例的系統所支配的時間，……時代的歷史，是成立於一個規範體系轉變為另一體系的探索之中。因此，一個時代是一段具有某種統一性的時間，而這統一性顯然只是相對的。那是說，在這時代某一種規範體系是最完全地被實現著。[2]

不過，如果我們願意在「作文的考或不考」這類表面形式的變動之外，另外仔細觀察「選擇題」，也會發現「四技二專統一入學測驗」的「國文科」確實有一套新的「習例」，而且是自 91學年度之後明顯展開，即由「成就測驗」（achievement tests）

---

[2] "The literary period should be established by purely literary criteria. ...A period is thus a time section dominated by a system of literary norms, standards, and conventions. ...The history of a period will consist in the tracing of the changes from one system of norms to another. While a period is thus a section of time to which some sort of unity is ascribed, it is obvious that this unity can be only relative. It means merely that during this period a certain scheme of norms has been realized most fully." Rene Wellek & Austin Warren, *Theory of Literature* （London: Penguin Books Ltd., 1993）, p.255-256。譯文引自王夢鷗、許國衡譯，《文學論》（台北：志文出版社，1990 年），頁 446-447。

轉向「成就測驗」兼「能力測驗」（proficiency tests）。

　　語文測驗可依不同的標準分類（參閱表 7-1）[3]，「四技二專統一入學測驗國文科」在「評分客觀程度」、「命題方式」、「分數解釋方式」、「測驗製作方式」上都有清楚的歸屬，唯在「用途」方面，除了不是「潛能測驗」和「診斷測驗」之外，很難畫歸必是「成就測驗」或「能力測驗」。

表 7-1

語文測驗的分類		統測國文
功能用途	潛能測驗（aptitude tests）	
	成就測驗（achievement tests）	■
	能力測驗（proficiency tests）	■
	診斷測驗（diagnostic tests）	
評分客觀程度	客觀測驗（objective tests）	■
	主觀測驗（subjective tests）	
命題方式	分項測驗（discrete-point tests）	
	整合測驗（integrative tests）	■
	交際測驗（communicative tests）	
分數解釋方式	標準參照測驗（criterion-referenced tests）	
	常模參照測驗（norm-referenced tests）	■
測驗製作方式	標準化測驗（standardized tests）	■
	非標準化測驗（non-standardized tests）	

---

[3] 劉珣，《對外漢語教學引論》（北京：北京語言文化大學出版社，2002 年），頁 379-382。

　　「成就測驗」又稱「課程測驗」，目的在檢查學習者在某一學習階段是否掌握了教材內容，測驗編製以教材為依據，教什麼考什麼，屬於回顧性質的測試；而「能力測驗」係為測量受試者現有的語言實際運用能力，以評定是否達到勝任某項任務的要求，它不考慮受試者的學歷，也不以任何教材為依據，屬於回顧兼預示性質的測試。技職校院「考招分離」之後，「四技二專統一入學測驗國文科」的主要功能是為了評定考生是否具備讀四技二專的本國語文能力，而不是檢查學生在高中職階段的國文學習成果，因此應屬於「能力測驗」；再者，這項考試不限何種學歷均可參加，且市面上高中職國文科教科書版本眾多[4]，考生既無必讀版本，測驗機構也未指定任何版本，嚴格來說並非「教什麼考什麼」，所以也應定位為「能力測驗」。但另一方面，這項考試的成績係供四技二專招生之用，測驗內容自亦不宜超出其主要生源的課程標準──目前為民國 87（1998）年公布的高職課程標準，故仍具有「成就測驗」的色彩。

　　此外，不同的語言觀使得語言測驗經歷了四個發展階段：（一）前科學時期、（二）心理測量─結構主義時期、（三）心理語言學─社會語言學時期、（四）交際法語言測試時期[5]；在台

---

[4] 台灣的高職國文教科書向來是「一綱多本」。李威熊在十年前所寫的〈台灣地區現行高職國文教科書之檢討與改進芻議〉曾指出：「台灣地區目前高級職業學校所採用的國文教科書，並非像國中、高中一樣，由國立編譯館統編，而是由各書局或出版社自行編輯，再送國立編譯館審訂。目前審訂通過的高職國文教科書，計有二十七種。」見台灣師範大學國文學系編，《兩岸暨港新中小學國語文教學國際研討會論文集》（台北：台灣師範大學國文學系，1995 年），頁 392。

[5] 參閱 Robert Wood 著，邵永真導讀，*Assessment and Testing：A Survey of Research*（《評估與測試：研究綜述》，北京：外語教學與研究出版社，2001

灣，不同的「國文」觀，也使大型入學測驗「國文科」試題產生了不同的樣貌。以往，高中職「國文」這門「學科」的意義，幾乎等同於「國文教科書」（含「中國文化基本教材」），故大型入學測驗「國文科」也採取「成就測驗」（achievement tests）的模式進行；現在，高中職「國文」這門「學科」的意義，已不限於「國文教科書」，甚至擴及生活中實際閱讀與寫作的技能，因此大型入學測驗「國文科」採取的模式，乃趨向「能力測驗兼成就測驗」。現行大學入學「學科能力測驗」的「國文科命題方向」第一、四項即謂：

> 一、注重課本內容與生活實用的結合。
> 四、取材不限於課本教材，重點在測驗考生能否整合、活用課內所學的知識與能力。[6]

鄭圓鈴《你也是創意命題高手》「自序」亦云：

> 教改歷經多年的曲折，在國文評量測驗的方向上，終於有了較清晰的輪廓，那就是能力評量取代傳統的知識量，以指標規劃試題結構取代傳統的分冊分課。[7]

年），頁 F30；齊瀘揚、陳昌來主編，《應用語言學綱要》（上海：復旦大學出版社，2004 年），頁 78。

[6] 大學入學考試中心編，《認識學科能力測驗 7》（台北：大學入學考試中心，2001 年），頁 3。

[7] 鄭圓鈴，《你也是創意命題高手》（台北：萬卷樓圖書公司，2002 年），頁 1。

管美蓉〈90 年代以後國文試題所反映的現象〉也指出：

> 90 年代開始試題得以轉變，最主要的關鍵在於將語文知
> 識與能力應重，認為國文評量的內涵不只是考察國學常
> 識、作者、題解或課本文句等的記憶、理解，也應涵蓋
> 基本語文能力及文學分析、鑑賞能力的檢測。要如何使
> 語文能力的考察得以落實？最重要的是打破課內及課外
> 的界線。課內篇章……提供學生從不同角度來學習及領
> 會各種層次的語文能力，而這些能力是可以內化的，……
> 面對新的篇章，學生便可以運用課內所學過的概念加以
> 理解、分析。[8]

這種測驗內容「不限課本」、且強調「與生活結合」的思維，也
讓「四技二專統一入學測驗國文科」產生了改變，尤其是自 91
學年度以後的試題更爲明顯。這只要取 90 學年度與 91 學年度
的試題稍做比較，即可發現：90 學年度試題「題幹或選項摘錄
課文文句」者尙有 33 題，而 91 學年度試題「題幹或選項摘錄
課文文句」者則劇減爲只有 7 題，至 92 學年度，上述情況僅有
4 題而已。因此，從「試題演變史」的角度看，固然可以「考或
不考作文」做爲「四技二專聯招國文科」與「四技二專統一入
學測驗國文科」分屬不同階段的「習例」，但若以另一個「習例」
來畫分階段──「選擇題」的設計是「成就測驗」取向還是「能
力測驗兼成就測驗」取向，或許是更恰當的詮釋。

---

[8] 管美蓉，〈90 年代以後國文試題所反映的現象〉，《文訊》226 期（2004
年 8 月），頁40。

第二節　與四技二專聯招國文試題的差異

　　上一節試圖指出「四技二專統一入學測驗國文科」在接續「四技二專聯招國文科」過程中的關鍵轉折，本節將繼續說明兩者試題的差異。

一、外在形式的改變

（一）題型的改變

　　第一年（90 學年度）的「四技二專統一入學測驗國文科」試題，與 88、89 學年度「四技二專工科日間部」、「四技二專商科日間部」聯招「國文科」試題的「選擇題」外形十分相似，均不做「成語測驗」、「常識測驗」之類的區隔。但 91 學年度至 94 學年度的「四技二專統一入學測驗國文科」試題，都分為「綜合測驗」、「閱讀能力測驗」及「語文表達能力測驗」三大題，在 50 個選擇題中，「綜合測驗」約佔 55%～65%[9]，「閱讀能力測驗」約佔 15%～20%[10]，「語文表達能力測驗」約佔 20%～25%[11]，各年題數圖示如下：

---

[9] 91 學年度 34 題，92 學年度 31 題，93 學年度 27 題，94 學年度 27 題。
[10] 91 學年度 7 題，92 學年度 8 題，93 學年度 10 題，94 學年度 11 題。
[11] 91 學年度 9 題，92 學年度 11 題，93 學年度 13 題，94 學年度 12 題。

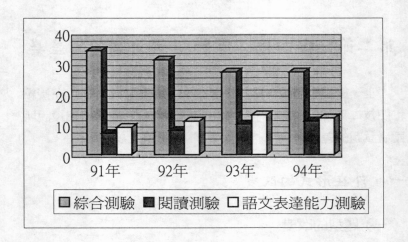

從圖表可見：四年來「綜合測驗」的題數逐漸減少，但相反的，「閱讀能力測驗」和「語文表達能力測驗」的題數則逐漸增加，這正顯示「四技二專統一入學測驗國文科」的「不限課本」比重越來越高，也可以印證上一節的看法——試題設計是從過去的「成就測驗」取向，轉變為「能力測驗兼成就測驗」取向。

（二）試題表述方式的改變

91 學年度以前的試題，整份考卷均是文字表述，92 學年度起，逐漸加入圖象。不過這些圖象大多與考生選擇正答無直接關聯，只是稍微改變提問的情境，讓試題讀起來有趣一些。如93 學年度第 26 題，原亦可用純文字將三首代表「甲」、「乙」、「丙」的七言絕句列出，請考生判斷「甲」、「乙」、「丙」何者是茶？何者是酒？何者是水？但用下圖的方式，將「甲」、「乙」、「丙」畫成三個壺的對話，卷面就顯得比較活潑：

依據下圖，甲、乙、丙依序應爲何物？

(A)茶／酒／水　　　(B)茶／水／酒

(C)酒／水／茶　　　(D)酒／茶／水

甲：戰退睡魔功不少，助成吟興更堪誇，亡家敗國皆因酒，待客何如只飲茶？

乙：瑤臺紫府薦瓊漿，息訟和親意味長；祭祀筵賓先用我，何曾論及淡黃湯？

丙：汲井烹茶歸石鼎，引泉釀酒注銀瓶；兩家且莫爭閑氣，無我調和總不成。

運用圖象進行試題表述，事實上是可以提升命題技術的。例如 92 學年度第 7 題，就是利用「填字遊戲」的圖形，不僅題幹的文字敘述可以減少，也改變了傳統成語測驗採用「下列成語，何者表示……之意」或「下列文句□內應填入的成語是」的提問方式：

　　下圖是依據「植物名」所設計的成語填字遊戲，直的提示爲「以此代彼」，橫的提示爲「互相贈答」，則直、橫兩行所共用的植物名是：

　　(A)桃　(B)李　(C)柳　(D)梨

又如 92 學年度第 30 題，也是藉由圖象改變了傳統「國學常識」的提問：

展覽場若想介紹「歐陽脩」的文學成就，相關的圖片、文字資料應陳列在：
(A)1、2 樓　　　(B)1、3 樓
(C)2、3 樓　　　(D)1、2、3 樓

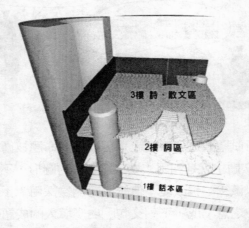

如果不是運用圖象，本題只能問考生：「歐陽脩的文學成就在哪些方面？」不僅枯燥，也流於單純的記憶。但因透過圖象的繪製，可以展現「宋代文學展覽場」的模擬空間，便可以假設考生若要正確布置展覽會場，該如何運用課本曾經學過的知識？如此試題便能從與生活無關的單純記憶，轉而成為與生活相聯結的知識應用。

二、內在形式的改變

　　「四技二專聯招」時代的「國文科」，由於偏向「成就測驗」，因而容易出現「旨在要求考生熟誦課本」的試題，例如下列試題，考生就必須熟記課本中的「作者生平」介紹，才能判斷「哪位作家大學唸的不是文學系？」、「誰說過『童子解吟長恨曲，胡兒能唱琵琶篇』？」、「范仲淹是哪裡人？哪一年考中進士？做過什麼官？」等細節：

下列作家，何者不是大學文學系出身？[12]

(A)潘希珍　　　(B)梁實秋　　　(C)陳之藩　　　(D)余光中

「童子解吟長恨曲，胡兒能唱琵琶篇」，這是誰弔白居易的詩句？[13]

(A)元稹　　　(B)蘇軾　　　(C)唐宣宗　　　(D)唐憲宗

下列有關范仲淹之敘述，何者有誤？[14]

(A)字希文，宋蘇州吳縣人

(B)宋真宗大中祥符八年登進士第，為廣德軍司理參軍

(C)著有白氏長慶集五十卷

(D)主持邊務數年，號令嚴明，愛撫士卒，羌人呼為龍圖老子

下列試題則是要熟記課文的內容，首先是文句的出處不能張冠李戴：

---

[12] 83 學年度四技二專商科日間部聯招國文科試題，第 37 題，答案為(C)。

[13] 86 學年度四技二專商科日間部聯招國文科試題，第 11 題，答案為(C)。

[14] 85 學年度四技二專商科日間部聯招國文科試題，第 25 題，答案為(C)。

王安石曾有名言曰：[15]
(A)「寄蜉蝣於天地，渺滄海之一粟」
(B)「天變不足畏，祖宗不足法，人言不足恤」
(C)「竭誠則胡越為一體，傲物則骨肉為行路」
(D)「後之視今，猶今之視昔，悲夫」

即便屬於同一課的文句，也要記清楚是誰的情況，例如下題，四個選項的文句都出自〈送東陽馬生序〉，但「日有廩稍之供，歲有裘葛之遺」不是「宋濂」的情況，而是其他同學的情況：

〈送東陽馬生序〉中，有關宋濂的求學經驗，何者有誤？[16]
(A)天大寒，硯冰堅，手指不可屈伸，弗之怠
(B)從鄉之先達執經叩問，遇其叱咄，色愈恭，禮愈至
(C)同舍生皆被綺繡，略無慕艷意
(D)日有廩稍之供，歲有裘葛之遺

此外也要提防「仿冒文句」的竄入，如下題的「憂後世，則思教子以保天下」就是命題者自行「捏造」的句子，〈諫太宗十思疏〉中絕對找不到：

下列何者不是魏徵〈諫太宗十思疏〉的「十思」內容？[17]
(A)念高危，則思謙沖而自牧
(B)想讒邪，則思正身以黜惡

---

[15] 86 學年度四技二專商科日間部聯招國文科試題，第 34 題，答案為(B)。

[16] 84 學年度四技二專商科日間部聯招國文科試題，第 22 題，答案為(D)。

[17] 88 學年度四技二專商科日間部聯招國文科試題，第 32 題，答案為(D)。

(C)恩所加，則思無因喜以謬賞

(D)憂後世，則思教子以保天下

最值得商榷的是，部分成語填空的試題，選項可以填入的成語不只一個，卻只能以「原文」為正答：

「還有一本母親喜愛的書，也是我記憶中非常深刻的，那就是□□□□的十殿閻王。」（潘希珍〈母親的書〉）句中空格處的成語是：[18]

(A)膽顫心驚　　(B)猙獰恐怖　　(C)心驚肉跳

(D)怵目驚心　　(E)穿鑿附會

「荷人啟之，鄭氏作之，清代營之，□□□□，以立我丕基，至於今三百有餘年矣。」（連橫〈台灣通史序〉）句中空格處的成語是：[19]

(A)篳路藍縷　　(B)侷促一隅　　(C)兢兢業業

(D)鉅細靡遺　　(E)開物成務

據潘希珍〈母親的書〉，「十殿閻王」之前用的是「怵目驚心」，但依上下文，用「猙獰恐怖」也相當通順；又據連橫〈台灣通史序〉，「荷人啟之，鄭氏作之，清代營之」之後係接「開物成務」，但接「兢兢業業」亦無不可。可知此類試題考查的是學生對課本的熟悉度，而不是語文程度。

---

[18] 85 學年度四技二專工科日間部聯招國文科試題，第 18 題，答案為(D)。

[19] 86 學年度四技二專工科日間部聯招國文科試題，第 15 題，答案為(E)。

　　反觀「四技二專統一入學測驗」時代的「國文科」，由於是「能力測驗兼成就測驗」，因此幾乎沒有針對「課本中細瑣知識」所命的試題。這類試題，過去容易出現在「國學常識」測驗，但這類在「四技二專聯招」時代往往佔「選擇題」25%（40 題佔 10 題）的題目，到「四技二專統一入學測驗」時代便逐漸減少，90 學年度尚有 8 題，在全部 55 個選擇題中已佔不到 15%，此後 91 學年度 5 題，92 學年度 4 題，93 學年度 3 題，94 學年度 4 題，都不超過 10%。而且，測驗的方式也著重在概念，不必記誦細瑣的知識，試比較兩個關於《水滸傳》的試題：

　　下列有關《水滸傳》的敘述，何者是錯誤的？[20]
　　(A)是一部傑出的章回小說
　　(B)是經過長期演進的集體創作
　　(C)將「水滸」故事鎔裁成一部完整的小說，其功績最大的
　　　　當推羅貫中
　　(D)內容據《宋史》中宋江等人嘯聚梁山泊的記載

　　下列為某部古典小說第二十一回的開場詩，依詩意判斷，此部小說應是：[21]
　　宋代運祚將傾覆，四海英雄起寥廓。流光垂象在山東，天
　　罡上應三十六。瑞氣盤旋繞鄆城，此鄉生降宋公明。……
　　他年自到梁山泊，繡旗影搖雲水濱。替天行道呼保義，上
　　應玉府天魁星。

---

[20] 86 學年度四技二專商科日間部聯招國文科試題，第 27 題，答案為(C)。
[21] 92 學年度四技二專統一入學測驗國文科試題，第 24 題，答案為(B)。

(A)《西遊記》　　　　(B)《水滸傳》

(C)《七俠五義》　　　(D)《三國演義》

前者錯誤的選項為(C)，因為整理「水滸」故事的重要人物是「施耐庵」，而非「羅貫中」。考生要答對此題，必須記住《水滸傳》「是章回小說」、「是長期的集體創作」、「主角宋江真有其人，《宋史》有記載」，且知道「羅貫中」是整理「三國」故事的重要人物。但考生要回答後者，則只須約略了解「宋代」、「四海英雄」、「宋公明」（宋江）、「梁山泊」、「替天行道」等，都指向古典小說《水滸傳》的內容特徵即可。

　　上文所引《水滸傳》第二十一回的開場詩，並未見於任何一版的課本，但《水滸傳》的知識是高中職國文課程中會學到的，因此可說是「延伸課本內容命題」。這種「課本知識」與「課外素材」的整合，在「四技二專聯招」的「國文科」極為罕見，但在「四技二專統一入學測驗」的「國文科」卻是司空見慣，素材的觸角甚至延伸到流行歌詞、廣告詞：

> 「一條會唱歌的溪流」運用「擬人」的寫作手法，下列流行歌詞，何者也有相同的表現手法？[22]
>
> (A)海的那一邊，烏雲一整片，我很想為了你快樂一點
>
> (B)陪你去看流星雨落在這地球上，讓你的淚落在我肩膀
>
> (C)廣場一枚銅幣，悲傷得很隱密，它在許願池裡輕輕歎息
>
> (D)半夜睡不著覺，把心情哼成歌，只好到屋頂找另一個夢境

---

[22] 91 學年度四技二專統一入學測驗國文科試題，第 41 題，答案為(C)。

下列是一幅平面廣告，依據標題「買不如租，輕鬆享受醇美山居歲月」，文案中(A)、(B)、(C)、(D)四句話，何者與全文主旨不符？[23]

這類試題，除了利用流行文化新穎、易於接近的特性，扭轉考生對「國文」學究、典重的印象，更有意向學生揭示「學理」與「應用」間的橋樑。以「修辭格」來說，教科書總是援引經典文章、著名詩詞為例，對「比喻」、「擬人」、「誇飾」等進行解說，但事實上，這些手法在日常生活中也被廣泛運用著。試題以考生常聽、常看、卻不見得留意的流行歌詞和廣告詞為素材，可以引導考生從中體會教科書介紹的修辭學原理，確實可以應用於日常語文活動，而非一堆「考過就沒用」的知識。

---

[23] 93 學年度四技二專統一入學測驗國文科試題，第 50 題，答案為(B)。

第三節
對大學入學考試國文試題的仿擬與超越

一、對大學入學考試國文試題的仿擬

　　「四技二專統一入學測驗國文科」試題固然突破了「四技二專聯招國文科」的部分窠臼，但它的改變並非突然，如果透過試題比較，不難發現「四技二專統一入學測驗國文科」對大學入學考試國文試題有著諸多仿擬，其中受「學科能力測驗國文考科」的影響尤深。這個自民國 83（1994）年推出、始終以貼近生活、取材多元、題型創新著稱的考科[24]，向來被視為「各種升學考試的標竿及出題方式的引領者」[25]。以下略從三個方面，呈現「四技二專統一入學測驗國文科」接受大學入學考試國文試題影響的情形。

---

[24] 例如在評論 90 學年度學科能力測驗國文考科時，賴哲信〈借推甄試題，畫教育願景──給大考中心等出題單位進一言〉云：「所以說他漂亮，是因為他的題幹總能貼近生活，題型總是變化多端」；陳慧英〈活潑有機趣，創意留斧痕──九十年推甄國文試題評議〉也認為「從取材的多元、題型的創心、趨勢的掌握，及整體所顯現的時代感、生活化來看」，「如同活力十足的少年郎，令人刮目相看」。分見陳滿銘主編，《大學入學考試國文科試題分析──87~91》（台北：萬卷樓圖書公司，2003 年），頁 155、78。

[25] 林繼生，〈活潑與媚俗，傳統與古板之間──八十七學年度大學入學考試學科能力測驗國文科試題分析〉，陳滿銘主編，《大學入學考試國文科試題分析──87~91》（台北：萬卷樓圖書公司，2003 年），頁 146。

（一）提問內容近似

下列四題，各自與並列的大學入學試題對照，提問的內容幾乎相同，可說是最直接的仿擬：

四技統測

下列文句，何者述及「因果關係」？[26]

(A)師者，所以傳道、受業、解惑也

(B)雖事殊事異，所以興懷，其致一也

(C)親小人，遠賢臣，此後漢所以傾頹也

(D)王公貴人所以養其身者，豈不至哉

大學學測

下列文句，述及事件前因後果的選項是：[27]

(A)三折肱而成良醫

(B)君子多欲，則貪慕富貴，枉道速禍

(C)獨孤臣孽子，其操心也危，其慮患也深，故達

(D)居廟堂之高，則憂其民；處江湖之遠，則憂其君

(E)昔者先王知兵之不可去也，是故天下雖平，不敢忘戰

四技統測

下列作品，何者不是作者在貶謫後抒發感懷之作？[28]

(A)陶淵明〈桃花源記〉

---

[26] 91 學年度四技二專統一入學測驗國文科試題，第 15 題，答案為(C)。

[27] 88 學年度大學學科能力測驗國文考科試題，第 21 題，答案為(A)、(B)、(C)、(E)。

[28] 91 學年度四技二專統一入學測驗國文科試題，第 30 題，答案為(A)。

(B)白居易〈琵琶行〉

(C)歐陽脩〈醉翁亭記〉

(D)蘇轍〈黃州快哉亭記〉

大學聯招

中國文學裡的許多名篇都著於作者貶官失意時，下列各名篇，<u>不屬於</u>作者貶官時期作品的選項是：[29]

(A)袁宏道〈晚遊六橋待月記〉

(B)歐陽修〈醉翁亭記〉

(C)柳宗元〈始得西山宴遊記〉

(D)范仲淹〈岳陽樓記〉

四技統測

下列文句「相」字的用法，何者與「過足下，方溫經，猥不敢相煩」的「相」字相同？[30]

(A)文人「相」輕，自古而然

(B)管仲「相」桓公，霸諸侯，一匡天下

(C)生不能「相」養以共居，歿不能撫汝以盡哀

(D)危而不持，顛而不扶，則將焉用彼「相」矣

大學指考

動詞前加「相」字，有表示其動作、事況、情態是雙向的，如「相見實難別亦難」；也有表示單向的，如「山中相送罷，日暮掩柴扉」。下列文句「」內的「相」字，表示單

向的是：[31]

(A)深林人不知，明月來「相」照

(B)洛陽親友如「相」問，一片冰心在玉壺

(C)留得和羹滋味在，任他風雨苦「相」欺

(D)往事勿追思，追思多悲愴；來事勿「相」迎，相迎已惆悵

(E)煮豆燃豆萁，豆在釜中泣，本是同根生，「相」煎何太急

四技統測

「大家都說我是『名嘴』，其實我是『出了名的挑嘴』。」這句廣告詞故意將「名嘴」一詞拆開、增字以另賦新義，來吸引視聽大眾。下列文句，何者也採用這種修辭方式？[32]

(A)他很愛逛街購物，是每個月都把薪水花光光的「月光」族

(B)現代人多吃又不愛運動，久而久之就變成虛胖的「麵龜」族

(C)衛生署提醒愛嚼檳榔的「紅唇」族：吃檳榔可能有害口腔健康

(D)許多青少年表面充滿活力，事實上卻完全經不起壓力，有人戲稱他們為「草莓」族

---

[31] 91 學年度大學指定科目考試國文考科試題，第 21 題，答案為(A)、(B)、(C)、(D)。

[32] 92 學年度四技二專統一入學測驗國文科試題，第 13 題，答案為(A)。

大學聯招

媽媽並非「萬能」，但是沒有媽媽卻「萬萬不能」。上述文句是將「」裡原有的語詞拆開，再增添文字，另作新解。下列文句中「」內的語詞，也具有此類相同作法的選項是：[33]

(A)辦公室裡單身光棍的劉先生真是「可愛」，大家一致公認他「可憐沒人愛」

(B)表哥平日熱心公益，積極加入「義消」，成為人人敬佩的「義勇消防隊員」

(C)兩位環保調查員至現場調查「公害」，不料在當地竟慘遭圍毆，「公然遇害」

(D)老張發生車禍，直呼「倒楣」，而家中又連連遭竊，的確是「倒了八輩子的楣」

(E)李小姐結婚，原本喜獲「良人」，人財兩失之後，方才醒悟良人原是「良心欠缺之人」

（二）題型的仿製

「四技二專統一入學測驗國文科」對大學入學考試國文試題題型的仿擬，最明顯的是「文句重組」題。這個題型為「大學學科能力測驗國文考科」首先開發，自 83 學年度起年年均有，「四技二專統一入學測驗國文科」到 91 學年度才使用，四年來也相沿成習，茲各舉一題：

---

[33] 87 學年度大學入學考試國文科試題，第 20 題，答案為(A)、(C)、(E)。

四技統測

下列是一段拆散了的現代散文，請依文意選出排列順序最恰當的選項：[34]

「這裡的人們，　　（甲）海洋是難懂得多了，　　（乙）比起那些書來，　　（丙）可是，他們卻能夠讀懂海洋，　　（丁）也許不一定都會讀懂那些厚部頭書，　　而這裡的人們卻有能力消化它。」（張騰蛟〈地方誌〉）

(A)乙甲丁丙　　　　(B)乙丁丙甲
(C)丁乙甲丙　　　　(D)丁丙乙甲

大學學測

下列是一段古文，請依文意選出排列順序最恰當的選項。[35]

「士有解珮出朝，（甲）女有揚蛾入寵，　　（乙）一去忘返，　　（丙）凡斯種種，　　（丁）再盼傾國，　　（戊）感盪心靈，　　非陳詩何以展其義，非長歌何以釋其情？」（鍾嶸〈詩品序〉）

(A)甲丙乙丁戊　　　　(B)甲丁乙戊丙
(C)乙甲丁丙戊　　　　(D)乙丁甲丙戊

又如「標點符號」測驗，「四技二專聯招國文科」時代從來不曾考過，「四技二專統一入學測驗國文科」則從 91 學年度開始出現，94 學年度又考，應是受到「大學學科能力測驗國文考科」在 87、90、93 學年度考過的影響，亦各舉一例：

---

[34] 91 學年度四技二專統一入學測驗國文科試題，第 23 題，答案為(D)。
[35] 87 學年度大學學科能力測驗國文考科試題，第 9 題，答案為(C)。

四技統測

下列一段文字□內依序應填入的標點符號，以何者為最適當？[36]

嗟夫□予嘗求古仁人之心，或異二者之為，何哉□不以物喜□不以己悲□居廟堂之高，則憂其民□處江湖之遠，則憂其君。

(A)：／！／，／。／。　　(B)：／？／，／。／；

(C)！／？／，／。／；　　(D)！／？／、／；／，

大學學測

「人在青少、年時期免不了對自己的前途有很多幻想或疑惑__1__我將來到底能成為一個什麼樣的人__2__我如果確實知道將來會幸福__3__現在我甘願吃苦__4__如果將來確實能富有__5__我現在願意節省__6__」

上列文句___內若依序加上標點符號，最適當的選項是：[37]

	1	2	3	4	5	6
(A)	——	？	，	；	，	。
(B)	。	！	，	。	，	。
(C)	！	！	，	！	，	！
(D)	，	？		。		。

再如「文學意象」的選詞測驗，「四技二專統一入學測驗國文科」是從 92 學年度模仿「大學學科能力測驗國文考科」，亦各舉一例：

---

[36] 91 學年度四技二專統一入學測驗國文科試題，第 8 題，答案為(C)。
[37] 90 學年度大學學科能力測驗國文考科試題，第 12 題，答案為(A)。

四技統測

一首好的詩，所選用的譬喻必與所形容的物象緊密呼應。下列現代詩，請依詩意仔細推敲，選出最適合填入□的詞語：[38]

「玻璃桌是□□的湖／半盞紅酒卻似□□暖照著／你如一陣春風來到，在湖的彼岸／坐下」（鄭愁予〈對飲〉）

(A)結冰／夕陽　　　　(B)積雪／明月

(C)起風／晨曦　　　　(D)驟雨／烈日

大學學測

「此刻正像是水底的世界／一切沉澱，靜謐

那些遠近朦朧的樹枝／如□□叢生海裡

藍空上緩泛過光潔的浮雲／是片片無聲的□□

只有一隻古代的象牙舟／在珍珠的海上徐划」

（夏菁〈月色散步〉）

上引為一節現代詩，□□內最適合填入的詞語分別是：[39]

(A)寶石／柳絮　　　　(B)珊瑚／浪花

(C)枯藤／泡沫　　　　(D)秀髮／雪花

（三）命題技巧的學習

　　為了避免細瑣的知識記憶造成考生過度學習，「大學學科能力測驗國文考科」若要檢驗考生對某一項知識是否具有「舉一反三」的能力，通常會在題幹先說明該項知識，這是以往國文

---

[38] 92 學年度四技二專統一入學測驗國文科試題，第 18 題，答案為(A)。

[39] 88 學年度大學學科能力測驗國文考科試題，第 9 題，答案為(B)。

科命題從未考慮過的方式。「四技二專統一入學測驗國文科」自91 學年度起也開始運用這項技巧，茲舉「構詞」方面各一題為例：

四技統測

「掃街拜票」是由兩組「動詞＋名詞」的詞語（「掃＋街」、「拜＋票」）結合而成。下列詞語，何者有與之相同的構詞方式？[40]

(A)魔戒現身　　　(B)瞞天過海
(C)強殖入侵　　　(D)神隱少女

大學學測

古文中表示數學上的「幾分之幾」，多以兩個數字並列，前者為「分母」，後者為「分子」。下列文句「」內屬於此一表意方式的選項是：[41]

(A)蓋予所至，比好遊者尚不能「十一」
(B)安見方六七十，如五「六十」，而非邦也者
(C)夫物之不齊，物之情也，或相倍蓰，或相「什佰」
(D)飛來雙白鵠，乃從西北來，十十「五五」，羅列成行
(E)下士冤民，能至闕者，萬無數人；其得省問者，不過「百一」

其次，為了不讓「國學常識」流於零碎片段的記誦，「大學學科能力測驗國文考科」乃利用一段出自課本以外、但訊息充足的

---

[40] 91 學年度四技二專統一入學測驗國文科試題，第 20 題，答案為(B)。
[41] 88 學年度大學學科能力測驗國文考科試題，第 15 題，答案為(A)、(E)。

詩文，供考生判斷所描述的對象，可說是結合了「文意測驗」與「常識測驗」。「四技二專統一入學測驗國文科」自 92 學年度起也運用這個方式命題，茲各舉一例：

四技統測

下列五言詩所吟詠的歷史人物是：[42]

函關使不通，燕將重深功。長虹貫白日，易水急寒風。壯髮危冠下，匕首地圖中。琴聲不可識，遺恨沒秦宮。

(A)李斯　　(B)荊軻　　(C)張良　　(D)蘇武

大學學測

「酒入豪腸／七分釀成了月光

餘下的三分嘯成劍氣／繡口一吐就半個盛唐

從開元到天寶／從咸陽到洛陽

冠蓋滿塗車騎的喧鬧／不及千年後你的一首

水晶絕句輕叩我額頭／噹地一彈挑起的回音」

上列詩句所描寫的人物是：[43]

(A)韓愈　　(B)岑參　　(C)杜甫　　(D)李白

此外，替「國學常識」設計一個現代情境，則能將原屬「古代」的知識與「現代」生活經驗聯結，提供機會讓考生思索未來如何「應用古籍」。這項作法，「大學學科能力測驗國文考科」已累積多次的命題經驗，不斷推陳出新，「四技二專統一入學測驗國文科」曾於 91 學年度「仿製」一次，但很難超越「大學學科

---

[42] 92 學年度四技二專統一入學測驗國文科試題，第 9 題，答案為(B)。

[43] 85 學年度大學學科能力測驗國文考科試題，第 10 題，答案為(D)。

能力測驗國文考科」的精彩試題：

大學學測

企業的「公關部門」，須負責建立公司對內及對外的溝通網路，以促進管理與經營的效益，因此需要反應敏捷、性情沉穩、能言善道的人才。如果孔子在現代企業中主管人力資源，以孔子對學生性格及專長的了解，最可能推薦下列那位學生擔任「公關部主任」？[44]

(A)曾點　　　(B)顏回　　　(C)子路　　　(D)子貢

四技統測

某網站想設計一個虛擬的高峰會，分別就「甲、權威式管理最具成效」和「乙、啟發式管理最具成效」兩項主題，各找一位思想背景相契的古人來闡述，則最恰當的人選應是：[45]

(A)甲：孔子；乙：韓非　　　(B)甲：韓非；乙：孔子
(C)甲：孟子；乙：莊子　　　(D)甲：莊子；乙：孟子

這兩題的設計，均是以考生對傳統思想主要人物或基本主張的認識為基礎，透過「管理」這項無論學校、企業都必備的概念，引導考生體會傳統與現代的關聯。

二、對大學入學考試國文試題的超越

---

[44] 87 學年度大學學科能力測驗國文考科試題，第 13 題，答案為(D)。
[45] 91 學年度四技二專統一入學測驗國文科試題，第 32 題，答案為(B)。

　　雖然「四技二專統一入學測驗國文科」這五年的發展，接受大學入學考試國文考科影響的成分居多，但也試圖克服「影響的焦慮」[46]，製作出「後出轉精」的試題，回頭影響了大學入學考試國文考科。

（一）字形測驗增加一款

　　「大學學科能力測驗國文考科」的選擇題式「字形測驗」，幾乎都是以「下列文句，完全沒有錯別字的選項是」為題幹，但 91 學年度「四技二專統一入學測驗國文科」則開發了新的試題設計：

> **下列各組「　」內的注音寫成國字後，何者兩兩相同？**[47]
> (A)有「ㄓˋ」竟成／「ㄓˋ」理名言
> (B)身陷「ㄌㄠˊ」籠／「ㄌㄠˊ」苦功高
> (C)四面「ㄔㄨˇ」歌／「ㄔㄨˇ」材晉用

---

[46] 「影響的焦慮」，這個術語來自當代美國文學批評家 Harold Bloom 在 1973 年所出版的同名著作《影響的焦慮》(The Anxiety of Influence: A Theory of Poetry)。過去我們所謂的「影響」，概指後輩對前輩的模倣學習，但 Bloom 則認為：「一位抱負不凡的作家，必定會以某種方式摧毀先驅作家的勢力──通常是一位如日中天、備受尊崇的偉大先進，並扭曲他的權威，接收他的勢力。……Bloom 強調，這種因為『影響』而產生的『焦慮』，其實與弗洛依德(Freud)所定義的『伊底帕斯情結』(Oedipus complex)具有相同的特徵，每位作家對於先驅前輩的態度，都混雜著既崇拜又想與之競爭的焦慮與不安。」以上參閱並譯自 Jeremy Hawthorn, A Concise Glossary of Contemporary Literary Theory(New York: Edward Arnold, 1992), "Revisionism", p.153。

[47] 91 學年度四技二專統一入學測驗國文科試題，第 7 題，答案為(C)。

(D)「ㄙㄨㄟ」夜匪懈／「ㄙㄨㄟ」昧平生

往後 92 學年度與 94 學年度均有類似的試題：

下列各選項「」內的注音寫成國字，何者兩兩相同？[48]
(A)我沉「ㄇㄛˋ」，但這並不代表對你就「ㄇㄛˋ」不關心
(B)「ㄇㄠˇ」失鬼指的就是那些容易「ㄇㄠˇ」然行事的傢伙
(C)長期處在「ㄐㄧ」餓狀態，怪不得他一副面黃「ㄐㄧ」瘦的模樣
(D)諸葛亮任蜀相後，事必「ㄍㄨㄥ」親，萬分辛勞，於是『鞠「ㄍㄨㄥ」盡瘁，死而後已』便成了他的宿命

下列文句「」內的字形，何者兩兩相同？[49]
(A)我們要以「ㄓㄢˇ」新的心情，迎接「ㄓㄢˇ」翅高飛的新生活
(B)如果機器人可以幫「ㄩㄥ」做家事，那麼生活要怎樣才能不「ㄩㄥ」俗呢
(C)最近電子股漲「ㄈㄨˊ」驚人，預期下半年電子股必定「ㄈㄨˊ」氣多多
(D)無心之過雖然罪不及「ㄓㄨ」，但是知識分子的口「ㄓㄨ」筆伐絕對是必要的

---

[48] 92 學年度四技二專統一入學測驗國文科試題，第 42 題，答案為(D)。
[49] 94 學年度四技二專統一入學測驗國文科試題，第 41 題，答案為(D)。

此一「四技二專統一入學測驗國文科」獨有的試題款式，在 91 學年度「大學指定科目考試國文考科」便曾被採用，雖然至目前為止僅有一次，也是對大學入學考試形成影響的明顯例子：

下列各組「」內注音符號所表示的字，字形相同的是：[50]
(A)爾「ㄩˊ」我詐／阿「ㄩˊ」諂媚
(B)「ㄆㄧ」肝瀝膽／「ㄆㄧ」星戴月
(C)「ㄍㄨ」名釣譽／「ㄍㄨ」計錯誤
(D)冤「ㄨㄤˇ」好人／「ㄨㄤˇ」顧道義

（二）試題以漫畫呈現

將原本「文字敘述」的試題改用「漫畫」呈現，「四技二專統一入學測驗國文科」也是開風氣之先，並導入原本來自「大學學科能力測驗國文考科」的「文句重組」題型：

下圖是一則古代寓言漫畫，□內是鳩與梟的對話，若將（甲）、（乙）、（丙）、（丁）四句話依對話順序填入，正確的選項是：[51]
（甲）我將東徙。　　（乙）鄉人皆惡我鳴，以故東徙。
（丙）子將安之？　　（丁）何故？
(A)甲；丙；乙；丁　　　　(B)甲；丁；乙；丙
(C)丙；甲；丁；乙　　　　(D)丙；乙；甲；丁

---

[50] 91 學年度大學指定科目考試國文考科試題，第 1 題，答案為(B)。
[51] 92 學年度四技二專統一入學測驗國文科試題，第 19 題，答案為(C)。

92 學年度的「四技二專統一入學測驗國文科」仍有漫畫題，即本章第二節已舉出的「三壺對話」文意測驗；「大學指定科目考試國文考科」在 93 學年度也出現了漫畫題，亦屬文意測驗：

請為下列連環漫畫，選出最適合概括其要旨的成語：[52]

(A)相輔相成　　　(B)自相矛盾
(C)唇亡齒寒　　　(D)敝帚自珍

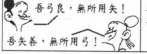
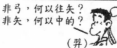

---

[52] 93 學年度大學指定科目考試國文考科試題，第 1 題，答案為(A)。

（三）閱讀測驗素材出現知識短文

　　「四技二專統一入學測驗國文科」的「閱讀測驗」大題，在93學年度也有新的突破，91至94學年度選錄的文章，參閱表7-2：

表7-2

年度	選錄文章出處				
91	古典小說《世說新語・惑溺》	現代詩 林廣〈微笑〉			
92	現代詩 李魁賢〈島嶼臺灣〉	古典小說《搜神記》卷二十	古典詩 王翰〈飲馬長城窟行〉	古典散文《清史稿・洪承疇傳》	
93	知識短文 郝龍斌《健康飲食GoGoGo》	知識短文 古爾德《達爾文大震憾》	古典散文 沈括《夢溪筆談》	現代小說 芥川龍之芥〈青蛙〉	
94	知識短文〈全球氣溫上升，問題叢生〉	知識短文 張系國〈愛因斯坦的腦袋〉	現代散文 張曉風〈許士林的獨白〉	古典散文《論語・泰伯》	古典散文《資治通鑑・唐紀》

　　依據上表可以發現：91和92學年度的「閱讀測驗」取材，還是限於「文學」類篇章，這也是傳統「閱讀測驗」的操作方式。但到了93、94學年度，都選用了「非文學」的現代知識短文，

可說是一項新的嘗試。其實以知識短文為測驗素材，在中國大陸「高等學校招生考試」的「語文」科行之有年，範圍含蓋「一般社會科學類、自然科學類文章」，例如 2004 年「甲卷的〈人體幹細胞〉屬於生命科學，內容涉及人類胚胎幹細胞、成人幹細胞、胚胎幹細胞的研究重點及其應用領域等等。乙卷的〈白鶴梁〉屬於考古學，內容涉及重慶三峽的白鶴梁作為『世界第一古代水文站』的文物價值，以及如何保護白鶴梁等問題。丙卷的〈茶馬古道〉屬於歷史地理學，內容涉及茶馬古道的成因、作用以及發展歷史等。丁卷的〈化學製劑〉屬於環境科學，內容涉及化學製劑對自然環境的危害」[53]。93 和 94 學年度「四技二專統一入學測驗國文科」的「閱讀測驗」所選的四篇知識短文，內容也含蓋了飲食、生物、科技對自然環境與醫療倫理的衝擊等，茲舉改寫自郝龍斌《健康飲食 Go！Go！Go！》的題組為例：

　　能代替蔗糖，且具有甜味的物質，都可稱為「代糖」。

　　如「阿斯巴甜」是一種蛋白質類的代糖，因為不是「糖」，人體消化後不會造成血糖上升，所以糖尿病患可以食用。而一公克阿斯巴甜產生的熱量與蔗糖相同，但其甜度比蔗糖高兩百倍。

　　另一種糖醇類的代糖，如山梨醇及木糖醇，甜度較蔗糖低，而且不易被口中的細菌利用，加上具有清涼的甜味，所以常被用於口香糖及低甜度食品，它又可耐高溫，許多

---

[53] 余聞，〈2004 年高考語文（全國）試題分析〉，《語文月刊》2004 年 7-8 期合刊，頁 8。

糖尿病患的年糕、豆沙包等都用它來製作。

　　還有從植物萃取而得的代糖，如甘草。它嚐起來甜膩，不會產生熱量，對人體無害，所以我國與日本皆未限制用量。

　　糖精，這種代糖的甜度是蔗糖的三百至四百倍，且人體無法代謝利用，因此不會產生熱量，糖尿病患及體重過重者均可使用。

依據上文，下列敘述何者正確？[54]
(A)阿斯巴甜人體無法代謝利用
(B)糖尿病患可吃含山梨醇的年糕
(C)大量食用糖精，可能導致肥胖
(D)甘草耐高溫，可增加豆沙包甜度

請依甜度由高至低的次序，為下列四者排列順序：
甲、山梨醇　　乙、糖精　　丙、阿斯巴甜　　丁、蔗糖
(A)丙甲丁乙　　　　　(B)乙丙甲丁
(C)丙丁甲乙　　　　　(D)乙丙丁甲

依據上文，糖精與阿斯巴甜的共同特點是：
(A)可耐高溫　　　　　　(B)不會產生熱量
(C)甜度是蔗糖的三百倍　　(D)糖尿病患者可以食用

---

[54] 93 學年度四技二專統一入學測驗國文科試題，第 28-30 題，答案分別為(B)、(D)、(D)。

或許即受到 93 學年度「四技二專統一入學測驗國文科」在「閱讀測驗」選材角度上的影響,「大學指定科目考試國文考科」也在 93 學年度首度出現科普閱讀素材,內容有關「進化論」:

　　1859 年倫敦街頭春意盎然。清晨的書店門口,許多人正排隊購買查理‧達爾文剛出版的新書──《物種起源》。

　　1831 年,達爾文因教授推薦,登上英國海軍「貝格爾號」,隨艦記錄沿途看到的自然現象。這次的航行歷時五年,除了蒐集到很多動植物標本,達爾文最大的收穫還是思想上的。那時他隨身帶了兩本書,一是《聖經》,一是賴爾《地質學原理》。達爾文原本相信《聖經》的說法,認為形形色色的生物都由上帝創造,物種是不變的。但隨著考察結果的增加,物種變異的事實使他對「神造萬物」產生懷疑。後來他閱讀賴爾的《地質學原理》,該書論證了地層年代愈久遠,現代生物及其遠古原形之間的差異就愈大,因此,他逐漸相信物種是不斷變化的。

　　回國後,達爾文向育種家和園藝家們請教,認真研究動植物在家養條件下的變異情況,並得出結論:具有不同特徵的動、植物品種可能源於共同的祖先,它們在人工干涉下,可逐漸形成人們需要的品種,此即人工選擇。但自然界的新物種又是如何形成?這個問題始終在他腦海縈繞。1838 年,達爾文偶然讀到馬爾薩斯的《人口論》,書中提到:任何動物的繁殖速度,都大於它們食物的增長速度,於是部分動物在生存競爭中死亡,動物與它們的食物遂達到新的平衡。這個論點給達爾文很大的啟示,他想到自然環境就是這樣選擇生物,生物通過生存競爭,適者生

存，因此不停進化，是為自然選擇。

　　1842 年 6 月，達爾文寫出一份只有 35 頁的生物進化論提綱。1844 年，他將這份提綱擴充為 231 頁的概要，但未立即發表，直到 1858 年，才在學術會議上公開他的生物進化論。達爾文的學說提出後，最大的反對者是當時的宗教界，因為此說否定上帝創造物種，動搖神學基礎。但也有許多科學家表示支持，例如赫胥黎首先把進化論用來追溯人類的祖先，推測人類是由人猿變來的；海克爾則利用進化論，提出最早的動植物進化系統樹，並標明人類來源與人種分佈。

上文旨在說明：[55]
(A)《物種起源》暢銷的原因
(B)達爾文的家世與生平
(C)生物進化論的形成與影響
(D)人工選擇與自然選擇的差異

上文所提各人物的研究成果，可依先後排出傳承關係。下列排序，正確的選項是：
(A)賴爾——海克爾——達爾文
(B)馬爾薩斯——達爾文——赫胥黎
(C)赫胥黎——賴爾——達爾文
(D)海克爾——達爾文——馬爾薩斯

---

[55] 93 學年度大學指定科目考試國文考科試題，第 18-20 題，答案分別為(C)、(B)、(C)。

根據上文，達爾文《物種起源》的論證不可能包括哪個論點？

(A)對生物有利的變異，可藉由遺傳保存和累積

(B)自然選擇與人工選擇，皆可產生動、植物的新品種

(C)在生存競爭中，不利的變異被保留，有利的變異被淘汰

(D)相似的生物緣於一個共同祖先，生活條件改變則造成物種變異

這類知識短文由於無法像「文學作品」般可以從「言外之意」、「表現技巧」等層面出題，只能讓考生分辨、篩選文章的重要訊息，或歸納、推測作者的觀點和態度，因此試題難度有限，連帶可能影響試題的鑑別度。但我們平常所閱讀的報刊書籍，本來就以輸出知識、傳遞訊息為大宗，若捨棄這些而專考文學作品，也是以偏概全。所以，針對這類現代知識短文的閱讀素材，「未來試題設計可在批判、比較觀點或判斷邏輯推演等內容上多所著墨，以評量考生的評鑑能力」[56]。

---

[56] 鄭圓鈴，〈九十三年大學指考國文科試題分析〉，《國文天地》20卷3期（2004年8月），頁10。

第八章 結論與建議

第一節 結論

在對 90 學年度至 94 學年度「四技二專統一入學測驗國文科」255 個試題進行「試題分析」與「歷史研究」之後，可整合各章的主要成果如後：

一、品質分析

由於「四技二專統一入學測驗國文科」只依據現行「職業學校國文課程標準」公告「考科範圍」，並沒有「測驗目標」，因此本研究以「2001 年修訂 Bloom 認知領域教育目標分類」為架構，參考「大學入學考試中心」之「學科能力測驗國文考科測驗目標」、「指定科目考試國文考科測驗目標」、以及中國大陸「普通高等學校招生全國統一考試語文大綱」等相關文獻，建立一個「雙向細目表」，俾便進行「內容效度」（content validity）的檢核。檢核結果顯示：五年來「語言」領域考了 216 題，「文學」領域考了 33 題，「文化」領域只考了 6 題。

（一）「語言」領域方面，除了缺乏「寫作」測驗之外，其餘符合「雙向細目表」在「知識向度」方面的要求。在 216 題中，「語音」11 題，佔 5.1%；「文字」20 題，佔 9.3%；「詞彙」3 題，佔 1.4%；「語法」29 題，佔 13.4%；「修辭」50 題，佔 23.1%；「語義」103 題，佔 47.7%；其中「語法」的「常用語氣和語態」從未出過題，將來命題時應注意察隙補闕；而「語義理解」無

疑是「語言」領域中最重要的測驗項目，並可以明顯看出：從 90 學年度至 94 學年度，測驗方向已從偏重「詞語」意義的理解，逐漸轉移到「語段」意義的理解。

（二）「文學」領域的試題分布甚不平均，33 題中除了 1 題有關「敘述手法與細節布置」，1 題有關「作品的風格」，其餘 31 題都集中在「重要作家」、「重要作品」、「重要應用文」和「重要文學體類」的知識。但與這些知識相關的考題，在試卷中的比重也逐漸降低，90 學年度的試題還佔 20%，91 學年度以後就一直維持在 10%左右。為了不讓「文學」領域的試題萎縮，未來應側重「文學鑑賞」的試題設計，兼顧「量」與「質」的提升。

（三）「文化」領域的試題明顯偏少，但「中國文化基本教材」目前仍是高中職階段「國文」課程的一項重點，故每年試卷應酌增 1 至 2 題較為恰當。

此外亦發現：在「記憶」、「了解」、「應用」、「分析」、「評鑑」、「創作」六個「認知歷程向度」中，全部 255 個試題以「了解」層次的數量最多，佔 97 題；其次為「記憶」層次，佔 88 題；其餘依序為「應用」層次佔 46 題，「分析」層次佔 22 題，最少的是「評鑑」層次，僅有 2 題。「記憶」層次的試題在 90 學年度仍佔 60%，但 91 學年度以後就明顯下降，通常不超過 40%，顯示「四技二專統一入學測驗國文科」已經從過去的注重知識記誦，轉向注重文意的思考解讀。至於「創作」層次的缺乏，恐怕只能等到「四技二專統一入學測驗國文科」恢復寫作測驗時才能改進。

二、量化分析

　　90 學年度至 94 學年度「四技二專統一入學測驗國文科」試題的「α係數」信度都在 0.82 至 0.87 之間，由於「α係數」是所有信度係數估計值的下限，故可推知這五年的國文科試題信度堪稱理想。

　　本書第五章進行「難度指標」與「鑑別度指標」分析時，均以「綜合五年」的方式觀察，今將各年度試題分別觀之，歸納為以下五表：

表 8-1　90 學年度四技二專統一入學測驗國文科試題難度與鑑別度分布表[1]

鑑別度	難易度	低難度	中難度	高難度	合計
	題號	P≧0.80	0.80＞P≧0.40	P＜0.40	
低鑑別度	D＜0.20	29,33,	3,18,	42,55,	6 題
中鑑別度	0.20≦D＜0.30	32,34,	6,14,23,37,52,	4,24,	9 題
高鑑別度	0.30≦D＜0.40		5,10,31,36,41,49,53,	2,25,54,	10 題
	D≧0.40		1,7,8,9,11,12,13,15,17,20,21,22,26,27,28,30,35,38,39,40,43,45,46,48,50,51,	16,44,	28 題
合計		4 題	40 題	9 題	53 題

---

[1] 第 19 題與第 47 題因試題有疑義而無法統計，故只有 53 題。

表 8-2　91 學年度四技二專統一入學測驗國文科試題難度與鑑別度分布表[2]

鑑別度　　　難易度　題號	低難度 P≧0.80	中難度 0.80＞P≧0.40	高難度 P＜0.40	合計
低 鑑別度　D＜0.20	33,	---	4,17,28, 45,	5 題
中 鑑別度　0.20≦D＜0.30		5,11,14,18,21,26, 29,38,43,	2,10,25,	12 題
高 鑑別度　0.30≦D＜0.40	13,44,	1,6,8,20,23,27,30, 31,39,42,47,48,49, 50,	19,35,	18 題
D≧0.40		3,7,9,12,15,16,22, 24,32,34,36,37,41, 46,	---	14 題
合計	3 題	37 題	9 題	49 題

表 8-3　92 學年度四技二專統一入學測驗國文科試題難度與鑑別度分布表

鑑別度　　　難易度　題號	低難度 P≧0.80	中難度 0.80＞P≧0.40	高難度 P＜0.40	合計
低 鑑別度　D＜0.20	33,	---	1,3,31, 44,	5 題
中 鑑別度　0.20≦D＜0.30	10,18, 26,32, 43,46,	4,5,19,30,45,	27,42, 49,	14 題

----

[2]　第 40 題因試題有疑義而無法統計，故只有 49 題。

高鑑別度	0.30≦D＜0.40		2,8,14,20,22,34, 35,41,48,	15,39,	11 題
	D≧0.40		6,7,9,11,12,13,16, 17,23,24,25,28,29, 37,38,40,47,50,	21,36,	20 題
合計		7 題	32 題	11 題	50 題

表 8-4　93 學年度四技二專統一入學測驗國文科試題難度與鑑別度分布表

鑑別度	難易度 題號	低難度 P≧0.80	中難度 0.80＞P≧0.40	高難度 P＜0.40	合計
低 鑑別度	D＜0.20	38,	50,	34,	3 題
中 鑑別度	0.20≦D＜0.30	6,7,30,	13,24,39,	40,	7 題
高 鑑別度	0.30≦D＜0.40	9,12,28,	11,22,31,43,48,	8,10,19,	11 題
	D≧0.40		1,2,3,4,5,14,15,16, 17,18,20,21,23,25, 26,27,29,32,33,35, 36,37,41,42,44,45, 46,47,49,	---	29 題
合計		7 題	38 題	5 題	50 題

表 8-5　94 學年度四技二專統一入學測驗國文科試題難度與鑑別度分布表

鑑別度 \ 難易度 題號	低難度 P≧0.80	中難度 0.80＞P≧0.40	高難度 P＜0.40	合計
低 鑑別度 D＜0.20		25,	20,	2 題
中 鑑別度 0.20≦D＜0.30	7,29,	6,30,35,39,49,	17,27, 42,	10 題
高 鑑別度 0.30≦D＜0.40	11,45,	1,22,28,33, 47,	36,37,	9 題
D≧0.40	26,	2,3,4,8,9,10,12,13, 14,15,16,18,19,21, 23,24,31,32,34,38, 40,41,43,46,48,50,	5,44,	29 題
合計	5 題	37 題	8 題	50 題

縱觀五年來可統計數據的 252 個試題，有 42 題屬於「高難度」試題（難度指標 P≦0.40），186 題屬於「中難度」試題（難度指標 P≧0.40 且＜0.80），24 題屬於「低難度」試題（難度指標 P≧0.80）。此外，有 21 題屬於「低鑑別度」試題（鑑別度指標 D＜0.20），有 52 題屬於「中鑑別度」試題（鑑別度指標 D≧0.20 且＜0.30），59 題屬於「中高鑑別度」試題（鑑別度指標 D≧0.30 且＜0.40），120 題屬於「高鑑別度」試題（鑑別度指標 D≧0.40）。整體來說，屬於「中難度」的試題達七成，屬於「中高鑑別度」和「高鑑別度」的試題也有七成，外界有關「試題太容易，沒有鑑別度」的懷疑絕對是不存在的。

　　本研究亦發現：「綜合測驗」對考生的鑑別度，要比「閱讀能力測驗」和「語文表達能力測驗」對考生的鑑別度略優一些。

由於 91 學年度至 94 學年度,「綜合測驗」已從原本的 34 題減為 27 題,若基於保留更多「高鑑別度」的試題,維持現有「綜合測驗」的試題數量仍有必要。

此外,在 21 個「低鑑別度」試題中,有 6 題係因「難度指標」偏高(即答對率偏高、試題太簡單),有 12 題則因「難度指標」偏低(即答對率偏低、試題太困難)的原因所造成,可證「鑑別度」與「試題難易」確有密切關聯。又其中有 12 題的「不正確選項」,出現了「高分組考生選擇人數,比低分組考生選擇人數多」的異常現象,可見選項設計失當,也是造成試題「低鑑別度」的原因。

三、試題的選擇與改進

本研究以「鑑別度指標在 0.30 以上」且「難度指標在 0.40 到 0.80 之間」為標準,從 90 學年度至 94 學年度的「四技二專統一入學測驗國文科」試題中,選出 154 個「優良」——即具有「高鑑別度」且「難度適中」的試題。再者,另就 42 個高難度試題(其中 16 題為誘答選項異常的試題)、21 個低鑑別度試題(其中 12 題為誘答選項異常的試題)、29 個誘答選項異常的試題——斟酌,列舉最需要修改的試題 14 題,汰除 7 題。

四、試題的歷史研究

比較「四技二專聯招」與「四技二專統一入學測驗」兩個時期的國文科試題,最主要的不同是:「四技二專統一入學測驗國文科」由「成就測驗」(achievement tests)轉向「成就測驗」兼「能力測驗」(proficiency tests)。「四技二專聯招」時代的「國

文科」，由於偏向「成就測驗」，因而容易出現「旨在要求考生熟誦課本」的試題；反觀「四技二專統一入學測驗」時代的「國文科」，由於是「能力測驗兼成就測驗」，因此幾乎沒有針對「課本中細瑣知識」所命的試題，取材更不受課本所限，而強調讓考生運用課內所學過的知識概念，理解並分析課外的閱讀篇章。

此外，「四技二專統一入學測驗國文科」雖然在「文句重組」等題型和題幹的敘寫方式上，受到「大學入學考試國文考科」的影響，但在「字形測驗」的新題型設計、用「漫畫」進行試題包裝、以及選用「非文學」的現代知識短文做為「閱讀能力測驗」素材等，都是「另闢蹊徑」、「後出轉精」，甚至影響了「大學入學考試國文考科」。

第二節　對教學與未來研究的建議

一、對教學的建議

「試題分析」的功能，可以讓教師發現學生反覆產生答題困難之處，掌握學生在學習上的瓶頸或阻礙，做為強化教學的參考。綜觀這五年「四技二專統一入學測驗國文科」的考生作答結果，未來在教學上應特別留意三方面：

（一）文學基本知識的累積

或許是因為近幾年不再考死背的國學常識，考生們對基本文化知識的掌握甚不理想。例如下題考幾本經典的內容特徵，只需稍有概念就可以回答，結果只有 38%的考生選擇正答(A)，

另有 27%的考生選擇(B)，20%的考生選擇(C)，14%的考生選擇
(D)：

> 為古籍設計新標題，可提高讀者的閱讀興趣。下列「」內
> 的新標題，何者能與古籍的內容呼應？[3]
> (A)「逍遙手冊」——《莊子》
> (B)「帝國淪亡錄」——《楚辭》
> (C)「儒家的理想國」——《韓非子》
> (D)「澤畔悲歌」——《山海經》

其實「帝國淪亡錄」與《楚辭》、「澤畔悲歌」與《山海經》幾
乎毫無關聯，而「韓非不是儒家，且常在書中抨擊儒家」的觀
念，居然有五分之一的考生不知道，實在頗令人意外。

　　類似的狀況也發生在下題。該題是請考生閱讀下列文字
後，推斷出自哪一部小說：[4]

> 朱貴勸說：「哥哥在上，莫怪小弟多言。山寨中糧食雖少，
> 近村遠鎮可以去借；山場水泊，木植廣有，便要蓋千間房
> 屋卻也無妨。這位是柴大官人力舉薦來的人，如何教他別
> 處去？抑且柴大官人自來與山上有恩，日後得知不納此
> 人，須不好看。這位又是有本事的人，他必然來出氣力。」

考生即便不認識「朱貴」、「柴大官人」（柴進）[5]，但文中出現

---

[3] 94 學年度四技二專統一入學測驗國文科試題，第 21 題。
[4] 94 學年度四技二專統一入學測驗國文科試題，第 24 題。
[5] 柴進，外號「小旋風」，滄州橫海郡人，後周柴世宗子孫。生性豪爽，專愛
　招識天下英雄好漢。只因往高唐州探望叔叔，為殷天錫毆辱；李逵打死殷

「山寨」、「山場水泊」，且題幹最起始處已明白指出：「下文為摘錄自以宋代歷史為背景的小說」，應有足夠的訊息判斷為《水滸傳》，結果還是有 45%的考生選擇其他三個根本不是以「宋代歷史」為背景的古典小說，且 37%的考生選的是《儒林外史》。

更讓人訝異的是，許多考生連「白蛇故事」中有「許仙」、「法海」也不知道。94 學年度「閱讀能力測驗」中的一則素材摘自張曉風〈許士林的獨白〉：

> 娘，當我援筆為文論人間事，我只想到，我是你的兒，滿腔是溫柔激盪的愛人世的癡情。而此刻，當我納頭而拜，<u>我是我父之子</u>，來將十八年的虧疚無奈併作驚天動地的一叩首。
>
> 且將我的額血留在<u>塔</u>前，作一朵長紅的桃花，笑傲朝霞夕照，且將那崩然有聲的頭顱擊打大地的聲音化作永恆的暮鼓，留給<u>法海</u>聽，留給一駭而傾的<u>塔</u>聽。

考生容或不知「許士林」何許人，但他顯然是一位「許」姓人氏的兒子，來到「塔」前祭拜母親，且文中出現「法海」的名號。題組中有一題即是問上文的構思來自哪一則民間故事[6]？結果有竟高達 39%的考生以為是「西施與范蠡」、「桃花女鬥周公」或「梁山伯與祝英台」。

綜觀上述的作答狀況，考生在基本文化知識方面確實有待加強。

天錫，他失陷在高唐，後被救落草，為梁山泊掌管錢糧首領。

[6] 94 學年度四技二專統一入學測驗國文科試題，第 32 題。

（二）閱讀能力的提升

　　閱讀能力的訓練，首先必須耐心將文章讀完，繼而從一堆敘述中捕捉關鍵詞語或文句。例如下題請考生自《人間詞話》的一段敘述推敲李煜詞的特色：[7]

　　　　詞人者，不失其赤子之心者也。故生於深宮之中，長於婦人之手，是後主為人君所短處，亦即為詞人所長處。

45%的考生能捕捉到「不失其赤子之心」為關鍵句，「生於深宮之中，長於婦人之手」乃「不失其赤子之心」的原因說明，故正確選出「情感真摯」，但也有30%的考生因「深宮」、「婦人」而誤選「長於閨怨」。因此，關鍵詞句的掌握對解題相當重要。又如93學年度「閱讀能力測驗」請考生依據文中對「十七年蟬」的描述，判斷另一種採取相同避敵策略的「X年蟬」，其「X」最可能是哪個數字：[8]

　　　　美國東部的「十七年蟬」，幼蟲住在地下長達十七年，……美國南部的「X年蟬」亦是如此。……「十七年蟬」的生命週期所以是十七，一是因為這個數字長過潛在敵人的壽命，再則因為『十七』是個質數（除了一及本身外，沒有數字能整除它）」。若天敵的生命週期是五年，則十七年蟬就能每五乘十七──即八十五年才倒楣一次。

---

[7] 93學年度四技二專統一入學測驗國文科試題，第24題。
[8] 93學年度四技二專統一入學測驗國文科試題，第31題。

備選答案的數字為 12、13、16、20，結果居然有多達 47%的考生選擇「13」以外的其他非質數，顯然是閱讀太過輕率，忽略了關鍵詞句——「質數」、「除了一及本身外，沒有數字能整除它」。再如 94 學年度「閱讀能力測驗」提供改寫自張系國〈愛因斯坦的腦袋〉一文：

> 愛因斯坦居然保不住他的腦袋，這真是令人意外的奇聞！
>
> 愛因斯坦生前曾表示：過世後遺體要火化，並將骨灰拋灑到秘密所在。不料為他進行遺體解剖的哈維醫生，竟私自摘除他的腦子並據為己有。哈維醫生的行為雖然可恥，卻為科學家及社會所「諒解」，原因很簡單：奉科學之名！
>
> 時至今日，你不一定要擁有如愛因斯坦般的腦袋，才會引起醫生和商人的注意。《出賣愛因斯坦》這本書為了告訴讀者這個「好消息」，列舉許多例子說明，奉科學之名，你的血液、頭髮、唾液、精子等都有人想收購，甚至不必事前徵得你的同意，就把你的寶貝偷走，事後也不給你合理的報酬。
>
> 生物科技越發達，人體的商機越多。或許《出賣愛因斯坦》的主要目的在於揭發真相，所以只在尾聲略談：應透過立法來防止未經當事人許可的器官販賣。中共默許販賣死囚器官的行為，舉世譴責；但治療過程中竊取身體髮膚的黑手，未來確實可能無所不入，如何未雨綢繆，還待有心人共同努力。

題組中的一題是請考生選出「最接近作者想法」的選項[9]，結果有 5%的考生選(C)「基於科學研究需要，容許私自摘取人體器官」，12%的考生選(D)「生物科技越發達，人體的商機越多，是利多好消息」，15%的考生選(B)「主張透過立法，促成器官移植的自由化」，事實上，作者稱「器官有人收購」是個「好消息」，分明是語帶諷刺，對醫生利用職務之便私自摘取人體器官，亦深不以為然，更未主張將「器官自由買賣」合法化，但竟有三分之一的考生找不到正答，仍是肇因於閱讀過程中無法抓住關鍵訊息。

考生不肯細讀文章，更反映在文言文的閱讀上。93 學年度「閱讀能力測驗」一節摘自《夢溪筆談》的文字，談的是范仲淹任職浙西時，曾以「提倡觀光刺激消費」的另類方式進行賑災：

> 皇祐二年，吳中大飢，殍殣枕路，是時范文正領浙西，發粟及募民存餉，為術甚備。吳人喜競渡，好為佛事。希文乃縱民競渡，太守日出宴于湖上，自春至夏，居民空巷出遊。又召諸佛寺主首，諭之曰：「飢歲工價至賤，可以大興土木之役。」於是諸寺工作鼎興。又新敖倉吏舍，日役千夫。監司奏劾：「杭州不恤荒政，嬉遊不節，及公私興造，傷耗民力。」文正乃自條敘：「所以宴遊及興造，皆欲以發有餘之財，以惠貧者；貿易、飲食、工技、服力之人，仰食于公私者，日無慮數萬人；荒政之施，莫此為大。」是歲兩浙唯杭州晏然，民不流徙。

---

[9] 94 學年度四技二專統一入學測驗國文科試題，第 31 題。

題組中的一題問：「何者不是范仲淹的賑災之道」[10]，結果竟有高達 38% 的考生選答「提倡觀光休閒活動」！這些考生除非全篇文章都看不懂，否則必是「望題生解」，根本不看文章就妄下判斷，遑論捕捉關鍵訊息了！

　　進階的閱讀能力訓練，則是闡釋文章的「言外之意」，不能停留在文字表面進行解讀。91 學年度的「閱讀能力測驗」提供林廣〈微笑〉的短詩：

> 一彎弧線，輕柔地
> 承載天地所有的重負
> 一條會唱歌的溪流
> 把一粒一粒頑石
> 雕成剔透的水晶

題組中的一題問「一條會唱歌的溪流／把一粒一粒頑石／雕成剔透的水晶」是何意義[11]？儘管選項(B)「微笑可以讓世界更美好」和(D)「微笑是教育的最佳方式」皆列為正答，卻仍有 43% 的考生選擇(A)「微笑是人類最精緻的表情」，可見考生對文章沒有直接寫出來的意義難以掌握。這種情形還可以從其他試題的作答狀況顯現，例如 93 學年度一題有關兩首古典詩的比較：[12]

> 勝敗兵家事不期，包羞忍恥是男兒；江東子弟多才俊，捲土重來未可知。（杜牧〈題烏江〉）

---

[10] 93 學年度四技二專統一入學測驗國文科試題，第 35 題。
[11] 91 學年度四技二專統一入學測驗國文科試題，第 40 題。
[12] 93 學年度四技二專統一入學測驗國文科試題，第 8 題。

> 百戰疲勞壯士哀，中原一敗勢難回；江東子弟今雖在，
> 肯為君王捲土來？（王安石〈烏江亭〉）

多達 38%的考生因為兩首詩末尾皆有「捲土重來」，便直接選擇
(C)「二詩皆認為項羽應該捲土重來」。又如 94 學年度的「閱讀
能力測驗」提供《資治通鑑》中一段講「安祿山討好唐玄宗」
的故事：

> 祿山在上前，應對敏給，雜以詼諧，上嘗戲指其腹曰：「此
> 胡腹中何所有？其大乃爾！」對曰：「更無餘物，正有赤
> 心耳！」上悅。又嘗命見太子，祿山不拜。左右趣（趣，
> 促也）之拜，祿山拱立曰：「臣胡人，不習朝儀，不知太
> 子者何官？」上曰：「此儲君也，朕千秋萬歲後，代朕君
> 汝者也。」祿山曰：「臣愚，鄉者惟知有陛下一人，不知
> 乃更有儲君。」不得已，然後拜。上以為信然，益愛之。

題組共三題，經試題分析後有兩題皆列為「高難度」試題（參
閱第五章第二節）。為何有高達 63%的考生，對於「安祿山見太
子而不拜」的原因，會認為是「對朝廷禮儀不熟悉」？為何有
多達 61%的考生，對於「玄宗聽完安祿山回答後愈加喜歡安祿
山」的原因，會認為是安祿山「正義凜然，威武不屈」或「勇
於承認自己的過失」？其實要回答這兩個試題，都不能光憑安
祿山自言「臣胡人，不習朝儀」、「不知乃更有儲君」逕行作答，
若考生只是看文章表面寫的文句來找答案，不能將文章裡的意
義「空白」處，透過聯想來填補「言外之意」，往往會誤解了作
品的意義。

　　綜合上述，教師在進行閱讀教學時應提醒學生，務必要有

耐心將文章全部讀完，並強調閱讀由淺到深的兩個層面：一是分辨文章中的主要和次要訊息，掌握其中的關鍵文句；二是跨越文字表面，依據上下文的線索推敲言外之意；如此方能提升閱讀技能，通過測驗的考察。

（三）寫作能力不可偏廢

「四技二專統一入學測驗國文科」目前雖無「寫作測驗」，而代之以選擇題式的「語文表達能力測驗」，但在教學上仍不能忽略書寫表達的重要。「語文」與「權力」事實上有著密不可分的關係，人們對「權力」的維持、擴張或抗拒，幾乎都是透過「語文」來實行，敢說且懂得怎麼說的人，越容易為他人所信服，當然也越容易佔據核心位置，獲得較大的權力，反之便只好被放逐到邊緣。「大學入學考試」基於篩選未來社會精英，從來沒有人懷疑是否該考作文，但給高職生升學用的「四技二專統一入學測驗」卻輕易廢掉作文，很容易因此而削弱高職生的語文能力，長此以往，勢必淪為拙於表達、無法為自己發聲的邊緣人。

因此，教學上不能因為目前「四技二專統一入學測驗國文科」沒有「寫作測驗」，就偏廢書寫表達能力的訓練。教師應讓學生了解：寫作能力其實是一種「基本」能力，並非進入普通大學受高等教育者才需要的「高等」能力，如此方能協助科技大學生與普通大學生站在平等的競爭起點，未來走出和普通大學生一樣寬廣的道路。

二、對未來研究的建議

　　有關「四技二專統一入學測驗國文科」試題，未來或可嘗試如下的研究：

　　（一）探討「選擇題式的語文表達能力測驗」對於考生的「寫作能力」能進行多少程度的反映？與「寫作題型」的「語文表達能力測驗」相較，其測驗結果是否具有相關性？

　　（二）比較不同後期中等教育背景的學生——「高中生」與「高職生」對同一份國文試題的反應是否有落差？如果有，是代表我們接受「高中生」與「高職生」的國文程度本該不同？或者，應該從課程安排、測驗設計等方面來縮小彼此的差異？

　　近十年來，由於專業測驗機構對大型入學測驗「國文科」試題，投入許多心力進行檢討與研發，連帶影響了考試院考選部，近期也開始著手國家公務人員考試「國文科」的改善工作[13]。我們相信這樣的發展，必能發揮「考試領導教學／學習」的積極、正面力量，讓「國文」教育不再是一門古老、板重的記誦之學，而是一個多元閱讀的空間，一個觀點對話的平臺。

---

[13] 曾慧敏〈從語文能力測驗發展談國家考試國文科評量之改進〉：「國文科考試在取材、考試方式、評分尚有很多待討論和改進的議題，因此，各負責測驗之機關（構），大學入學考試中心、國中學力測驗中心，紛紛對國文科評量重新思考它的功能和目的，考選部自亦不能例外」。所以，「考選部於九十年四月起著手國文科命題及閱卷改進之研究」。參閱《考銓》35 期，2003年 7 月，頁 44、42。

90 學年度四技二專統一入學測驗
國文科試題

1. 下列「」內的字，何者注音正確？
   (A)屈「撓」：ㄋㄠˊ(我們對於一棵古松的三種態度)
   (B)十「稔」：ㄋㄧㄢˇ(台灣通史序)
   (C)色不「沮」：ㄐㄩ(道德的勇氣)
   (D)「瘡」瘢：ㄘㄤ(翡冷翠山居閒話)

2. 下列「」內的字，何者注音正確？
   (A)若「垤」若穴：ㄓˊ(始得西山宴遊記)
   (B)細腿朝上「蜷」曲著：ㄐㄩㄢˇ(蒼蠅與我)
   (C)「踟」躕徘徊：ㄔˊ(談靜)
   (D)刑「笞」：　ㄊㄞˊ(漸)

3. 「荖濃溪南岸徒峭的峰巒山溝間，雪或積覆或散置，在色澤疑重的岩壁與濃綠的冷杉間亮著寒光。」(八通關種種)以上文句有幾個錯別字？
   (A)1　　　　　　(B)2　　　　　　(C)3　　　　　　(D)4

4. 下列各詞語，何者沒有錯別字？
   (A)渾渾惡惡(藝術與科學)　　　　(B)觸目驚心(母親的書)
   (C)自感歉咎(田園之秋)　　　　　(D)飛揚跋扈(蒼蠅與我)

5. 「自顧不□」、「白璧微□」、「松鶴□齡」以上空格，應填的字依序是：
   (A)暇、瑕、遐　　　　　　　　(B)瑕、遐、暇
   (C)遐、瑕、暇　　　　　　　　(D)瑕、暇、遐

6. 下列各句「將」字，何者詞性與意思和其它三句不同？
   (A)明日即「將」來射曹軍(用奇謀孔明借箭)
   (B)不覺那隻手隱隱的痛「將」起來(范進中舉)
   (C)只見那個人「將」出一兩銀子與李小二(林沖夜奔)
   (D)且「將」酒來，我與丈人回敬(魯智深大鬧桃花村)

7. 「對權貴諂媚巴結，乃是小人行徑，為正人君子所不□。」缺空處宜填入：

   (A)齒   (B)侈   (C)恥   (D)尺

8. 「漸至太行、京西、江南，松山太半皆童矣。」(夢溪筆談選)句中「童」字意為：

   (A)草木初生   (B)草木茂盛
   (C)山無草木   (D)草枯樹爛

9. 「上胡不法先王之法」(察今)其中第一個「法」字的詞性是：

   (A)名詞   (B)動詞   (C)形容詞   (D)副詞

10. 以下詞語的解釋何者正確？

    (A)文定：訂婚   (B)于歸：出嫁的女兒歸寧
    (C)稽首：鞠躬   (D)度晬：小孩出生滿月

11. 「蓬生麻中，不扶而直；白沙在涅，與之俱黑。」(勸學)此句說明為學須：

    (A)持恆專一   (B)有良好環境   (C)順自然發展   (D)自立自強

12. 「客從遠方來，遺我雙鯉魚。呼兒烹鯉魚，中有尺素書。」(飲馬長城窟行)從這幾句詩，可以感受詩中人物的心情是：

    (A)失望   (B)雀躍   (C)憤怒   (D) 哀傷

13. 「陟罰臧否，不宜異同」意味著賞罰：

    (A)不宜有異   (B)不宜有同   (C)可同可異   (D)不論異同

14. 「今者妾觀其出，志念深矣，常有以自下者。」(史記晏子傳)句中「自下」是表示什麼樣的態度？

    (A)自負   (B)自卑   (C)自信   (D)自謙

15. 「尋蒙國恩，除臣洗馬」(陳情表)句中的「除」字意思是：

    (A)免除   (B)任命   (C)降職   (D)赦罪

16. 依據歐陽修〈縱囚論〉一文，作者認為死囚在與太宗約定期限之前自動
回獄，沒有落後遲到者，這是因為他們：
(A)深受太宗恩德感召　　　　　　(B)遵守信義原則
(C)抱著視死如歸的精神　　　　　(D)揣測太宗將免其死刑

17. 漁父莞爾而笑，鼓枻而去，乃歌曰：「滄浪之水清兮，可以濯吾纓；滄浪
之水濁兮，可以濯吾足。」(漁父)漁父意在勸屈原：
(A)超凡脫俗　　　(B)孤芳自賞　　　(C)與世推移　　　(D)居安思危

18. 下列各句「」中之字、詞，何者有輕視傲慢之意？
(A)長「跪」讀素書(飲馬長城窟行)
(B)項王按劍而「跽」(鴻門之宴)
(C)攀緣而登，「箕踞」而遊(始得西山宴遊記)
(D)賓客上謁，未嘗不「踞」床而見(虯髯客傳)

19. 意義相反的二個單詞，其中一個單詞有義，另一單詞僅為陪襯、無義，
此稱為「偏義複詞」。下列何句「」中之詞語屬於此類？
(A)如人飲水，「冷暖」自知(學問之趣味)
(B)「去來」江口守空船(琵琶行并序)
(C)公今可去探他「虛實」，卻來回報(用奇謀孔明借箭)
(D)「小大」之獄，雖不能察，必以情(曹劌論戰)

20. 關於各句所表現的口氣，下列敘述何者正確？
(A)「乃兆人萬姓崩潰之血肉，曾不異夫腐鼠」：得意(原君)
(B)「古人以儉為美德，今人乃以儉相詬病」：感嘆(訓儉示康)
(C)「君乃言此，曾不如索我於枯魚之肆」：哀傷(古寓言選)
(D)「彼蒼者天，曷其有極」：憤怒(祭十二郎文)

21. 下列何者兼具「視覺」與「嗅覺」的感受？
(A)岸芷汀蘭，郁郁青青(岳陽樓記)
(B)碧雲天，黃葉地。秋色連波，波上寒煙翠(蘇幕遮)
(C)明月松間照，清泉石上流(山居秋暝)
(D)春深雨過西湖好，百卉爭妍，蝶亂蜂喧(采桑子)

22. 下列何者不是對偶句？
    (A)流觴曲水，列坐其次(蘭亭集序)
    (B)日出而林霏開，雲歸而巖穴暝(醉翁亭記)
    (C)滿招損，謙受益(新五代史伶官傳序)
    (D)進思盡忠，退思補過(史記晏子傳)

23. 孔子論君子，下列何者不能算是一個君子人？
    (A)和而不同　　　(B)文質彬彬　　　(C)病人之不己知也(D)懷德懷刑

24. 甲、束髮(項脊軒志) 乙、傴僂(醉翁亭記) 丙、蒙(訓蒙大意) 以上語詞的含意，「自幼至老」排列依序為：
    (A)甲、乙、丙　　　(B)甲、丙、乙　　　(C)乙、丙、甲　　　(D)丙、甲、乙

25. 下列各文，何者以說理取勝？
    (A)〈遊褒禪山記〉　　　　　　　(B)〈始得西山宴遊記〉
    (C)〈明湖居聽書〉　　　　　　　(D)〈晚遊六橋待月記〉

26. 下列各成語的解釋，何者正確？
    (A)畏首畏尾：形容做事態度前後不一(自知與自信)
    (B)匏瓜徒懸：形容家徒四壁，生活清苦(登樓賦)
    (C)燕巢飛幕：比喻飛行技巧高超(與陳伯之書)
    (D)抱薪救火：喻自促其亡，於事無濟(六國論)

27. 依據對聯常識判斷，如果上聯是「書有未曾經我讀」，則下聯應該是：
    (A)事無不可對人言　　　　　　(B)事非經過不知難
    (C)事如春夢了無痕　　　　　　(D)千里懷人月在峰

28. 下列各成語，何者的意義與其他三者不同？
    (A)千鈞一髮　　　　　　　　　(B)間不容髮(留侯論)
    (C)奔車朽索(諫太宗十思疏)　　(D)反掌折枝(心理建設自序)

29. 「翡冷翠的建築給人的印象是蒼老，但是精緻，尤其那不留一點空隙的精雕細琢的圖紋，更令人□□□□。」缺空的成語宜填：
    (A)嘆為觀止　　　(B)從容指顧　　　(C)兢兢業業　　　(D)奉為圭臬

30. 「今年受黜，未免憤怨，然及此正可困心衡慮，大加□□□□之功，切不可因憤廢學。」(致諸弟書)缺空的成語宜填：
    (A)汲汲營營　　　(B)臥薪嘗膽　　　(C)守望相助　　　(D)放浪形骸

31. 「你只要肯一層一層的往裡面追，我保你一定被他引到□□□□的地步。」(學問的趣味)缺空的成語宜填：
    (A)老生常談　　　(B)欲罷不能　　　(C)滄海桑田　　　(D)千頭萬緒

32. 「□□□□每喜流連聲色場所，揮霍無度，因而蕩盡家產，乃至身敗名裂。」缺空的成語宜填：
    (A)春秋大夢　　　(B)紈褲子弟　　　(C)引狼入室　　　(D)糟糠之妻

33. 下列成語何者可用於對人讚美？
    (A)刻舟求劍(察今)　　　　　　(B)郢書燕說(台灣通史序)
    (C)青出於藍(勸學)　　　　　　(D)向聲背實(典論論文)

34. 祝賀結婚可用：
    (A)弄璋之喜　　　(B)松柏長青　　　(C)珠聯璧合　　　(D)瓜瓞綿綿

35. 下列「」的成語，何者使用正確？
    (A)小張所提的意見，十分具體可行，與會者都「眾口鑠金」地表示贊成
    (B)王小姐對藝術的研究，極為精密深入，已達到「鑽牛角尖」的境界
    (C)阿國做事情，常「倒吃甘蔗」的不按照程序進行
    (D)小明總是用「囫圇吞棗」的態度學數學，難怪成績經常不理想

36. 下列詞語，何者是形容人的德薄量淺？
    (A)斗筲之人　　　(B)六尺之孤　　　(C)孤臣孽子　　　(D)騷人思士

37. 「求也退，故進之；由也兼人，故退之。」(論語、先進)此句所表現孔子的教育精神是：
    (A)循循善誘　　　(B)注重啓發　　　(C)因材施教　　　(D)有教無類

38. 下列對便條寫作之敘述，何者錯誤？
    (A)遣詞用字力求簡明扼要，應酬語、客套話可省略
    (B)字體可以不拘，但須書寫清楚
    (C)內容以不涉及機密者為宜
    (D)適用於尊長與新交

39. 關於書信用語，下列敘述何者錯誤？
    (A)足下：用於晚輩　　　　　　　(B)膝下：用於父母
    (C)昆仲：稱人兄弟　　　　　　　(D)賢喬梓：稱人父子

40. 燭之武對秦伯曰：「越國以鄙遠，君知其難也，焉用亡鄭以陪鄰？鄰之厚，君之薄也。」(燭之武退秦師)關於這段引文的意旨，下列敘述何者錯誤？
    (A)秦若取下鄭國為邊邑，亦難以越晉而常保
    (B)秦攻鄭，徒以土地增益晉國
    (C)秦晉相鄰，晉國增強，秦國便可減少軍事支出
    (D)滅亡鄭國，將種下禍根

41. 各句所反映的季節，何者與其它三者不同？
    (A)千里鶯啼綠映紅，水村山郭酒旗風
    (B)停車坐愛楓林晚，霜葉紅於二月花
    (C)易水蕭蕭西風冷，滿坐衣冠似雪
    (D)寒蟬淒切，對長亭晚，驟雨初歇

42. 下列各句，何者沒有錯別字？
    (A)戀人相視總是含情默默，一切盡在不言中
    (B)經過老師的講解後，我終於豁然開朗，心中不再有疑問了
    (C)做任何事都要堅持到最後一刻，否則功虧一匱，仍然失敗
    (D)他說話總喜歡掉弄玄虛，結果惹來不必要的麻煩

43. 下列各句何者最能表現內在心靈的寧靜？
    (A)結廬在人境，而無車馬喧(陶淵明飲酒詩)
    (B)映階碧草自春色，隔葉黃鸝空好音(杜甫蜀相)
    (C)春江花朝秋月夜，往往取酒還獨傾(白居易琵琶行并序)
    (D)明月幾時有，把酒問青天。不知天上宮闕，今夕是何年(蘇軾水調歌頭)

44. 下列何人生於明代？

(A)梁啓超　　　(B)左光斗　　　(C)文天祥　　　(D)范仲淹

45. 下列文句，何者不具有誇飾的效果？

(A)歌吹爲風，粉汗爲雨，羅紈之盛，多於隄畔之草，豔冶極矣(晚遊六橋待月記)

(B)每寒夜起立，振衣裳，甲上冰霜迸落，鏗然有聲(左忠毅公軼事)

(C)亂石崩雲，驚濤裂岸，捲起千堆雪(念奴嬌)

(D)秦有餘力而制其敝，追亡逐北，伏尸百萬，流血漂櫓(過秦論)

46. 下列各句何者有「昔盛今衰」的感慨？

(A)吳宮花草埋幽徑，晉代衣冠成古邱

(B)胡馬依北風，越鳥巢南枝

(C)人生不相見，動如參與商

(D)倚杖柴門外，臨風聽暮蟬

47. 下列何者以散文筆法寫作？

(A)劉勰〈情采〉　　　　　　(B)蘇軾〈赤壁賦〉

(C)李白〈長干行〉　　　　　(D)酈道元《水經注》

48. 下列何者不在二十五史之列？

(A)《史記》　　　(B)《新五代史》(C)《三國志》(D)《臺灣通史》

49. 所謂子學，下列敘述何者錯誤？

(A)多是思想義理之學　　　(B)以春秋戰國時期最發達

(C)屈原〈離騷〉可爲代表作　(D)莊子具有重要地位。

50. 「天下有大勇者，卒然臨之而不驚。」(留侯論) 句中「卒」字之意與下列何者相同？

(A)「卒」獲有所聞(送東陽馬生序)

(B)「卒」有盜賊之警(教戰守策)

(C)寧知人之「卒」不救(張中丞傳後序)

(D)「卒」就脯醢之地乎(魯仲連義不帝秦)

51. 關於名句出處，下列敘述何者正確？
    (A)時窮節乃見，一一垂丹青：〈長恨歌〉
    (B)聞道有先後，術業有專攻：〈口技〉
    (C)先天下之憂而憂，後天下之樂而樂：《孟子》
    (D)同是天涯淪落人，相逢何必曾相識：〈琵琶行〉

52. 關於各文學流派的代表人物，下列敘述何者正確？
    (A)公安派：劉大櫆　　　(B)新樂府運動：白居易
    (C)桐城派：歸有光　　　(D)古文運動：李商隱

53. 關於書信的寫作，下列敘述何者正確？
    (A)新式郵簡不需書寫郵遞區號
    (B)使用明信片以在寄信人下寫「緘」爲最禮貌
    (C)稱對方親友可加「尊」、「令」字以表敬意
    (D)信中自稱，字體應略小並偏左

54. 關於各小說所記內容，下列敘述何者錯誤？
    (A)《聊齋誌異》以神鬼仙狐故事爲多
    (B)《水滸傳》以梁山泊人物爲主角
    (C)《紅樓夢》以描寫賈府興衰爲主
    (D)《世說新語》收錄五代巧語妙句

55. 關於新文學運動，下列敘述何者錯誤？
    (A)民國八年展開白話文運動
    (B)豐子愷撰寫〈文學改良芻議〉
    (C)羅家倫曾是五四運動的健將
    (D)胡適主張把死文學變爲活文學

91 學年度四技二專統一入學測驗
國文科試題

壹·綜合測驗

1. 下列「」內字的注音，何者錯誤？
   (A)因故罷「黜」：ㄔㄨˋ
   (B)巧「拙」有素：ㄓㄨㄛˊ
   (C)左支右「絀」：ㄔㄨˋ
   (D)咄「咄」逼人：ㄓㄨㄛˊ

2. 下列各組「」內字的注音，何者兩兩相同？
   (A)燈「芯」／花「蕊」
   (B)「猶」豫／「遒」勁
   (C)「摯」友／「掣」肘
   (D)「絢」麗／「炫」耀

3. 下列「」內的詞，何者屬於「疊韻」？
   (A)宇宙「洪荒」
   (B)風雨「飄搖」
   (C)相互「謾罵」
   (D)長期「醞釀」

4. 依照中國文字的造字原則，「街」字在「六書」中應該屬於：
   (A)象形
   (B)指事
   (C)會意
   (D)形聲

5. 下列成語，何者用字完全正確？
   (A)篳路藍縷
   (B)躲頤稱快
   (C)馮虛遇風
   (D)忘自菲薄

6. 下列文句，何者用字完全正確？
   (A)海內存知己，天涯若彼鄰
   (B)新人做事總是戰戰競競，不敢馬虎
   (C)利空衝擊，開盤後各股走勢都相當皮軟
   (D)紐約人提起九一一事件，仍然心有餘悸

7. 下列各組「」內的注音寫成國字後，何者兩兩相同？
   (A)有「ㄓˋ」竟成／「ㄓˋ」理名言
   (B)身陷「ㄌㄠˊ」籠／「ㄌㄠˊ」苦功高
   (C)四面「ㄔㄨˇ」歌／「ㄔㄨˇ」材晉用
   (D)「ㄙㄨˋ」夜匪懈／「ㄙㄨˋ」昧平生

8. 下列一段文字□內依序應填入的標點符號，以何者最為適當？

嗟夫□予嘗求古仁人之心，或異二者之為，何哉□不以物喜□不以己悲
□居廟堂之高，則憂其民□處江湖之遠，則憂其君。

(A)：／！／，／。／。　　　　(B)：／？／，／。／；

(C)！／？／，／。／；　　　　(D)！／？／、／；／，

9. 下列文句中的「舉」字，何者與〈漁父〉中「舉世皆濁我獨清」的「舉」
字意義相同？

(A)「舉」手投足　(B)「舉」一反三　(C)「舉」目無親　(D)「舉」國歡騰

10. 下列文句中的「而」字，何者的意義與其他三者不同？

(A)念高危，則思謙沖「而」自牧

(B)先帝創業未半，「而」中道崩殂

(C)會數而禮勤，物薄「而」情厚

(D)秦無亡矢遺鏃之費，「而」天下諸侯已困矣

11. 下列各組文句「」內的字，何者意義相同？

(A)會于會稽山陰之蘭亭，「脩」禊事也／況「脩」短隨化，終期於盡

(B)便扶向路，處處誌「之」／嘗趨百里外，從鄉「之」先達執經叩問

(C)時窮節乃「見」，一一垂丹青／觀其所以微「見」其意者，皆聖賢相與
警戒之義

(D)外人頗有公孫布「被」之譏／況仁人莊士之遺風餘思，「被」於來世者
如何哉

12. 下列各組成語，何者意義相反？

(A)一日千里／突飛猛進　　　　(B)露才揚己／韜光養晦

(C)出類拔萃／頭角崢嶸　　　　(D)眾口鑠金／三人成虎

13. 下列文句「」內的詞語，何者不是用來形容聲音？

(A)山川相繆，鬱乎「蒼蒼」

(B)「關關」雎鳩，在河之洲

(C)我「達達」的馬蹄是美麗的錯誤

(D)大絃「嘈嘈」如急雨，小絃切切如私語

14. 下列《論語》的文句，不屬於討論「朋友之道」的是：

(A)君子以文會友，以友輔仁

(B)忠告而善道之，不可則止，毋自辱焉

(C)生，事之以禮；死，葬之以禮，祭之以禮

(D)君子敬而無失，與人恭而有禮，四海之內，皆兄弟也

15. 下列文句，何者述及「因果關係」？

(A)師者，所以傳道、受業、解惑也

(B)雖世殊事異，所以興懷，其致一也

(C)親小人，遠賢臣，此後漢所以傾頹也

(D)王公貴人所以養其身者，豈不至哉

16. 下列有關蘇軾〈前赤壁賦〉「逝者如斯，而未嘗往也；盈虛者如彼，而卒莫消長也」中「斯」、「彼」的說明，何者正確？

(A)「斯」指明月，「彼」指江水 　　(B)「斯」指江水，「彼」指明月

(C)「斯」指明月，「彼」指清風 　　(D)「斯」指清風，「彼」指明月

17. 連橫〈臺灣通史序〉：「是以郢書燕說，猶存其名；晉乘楚杌，語多可採。」上文意在告人：

(A)史書多失其實，不可盡信 　　(B)史書文字脫誤，真偽難辨

(C)史料殘缺不全，多穿鑿附會 　　(D)史料得來不易，宜善予珍惜

18. 「古之學者必有師。師者，所以傳道、受業、解惑也。人非生而知之者，孰能無惑？惑而不從師，其為惑也終不解矣。」這段文字的要旨在：

(A)諷刺當時人不尊重老師 　　(B)取笑人們向老師請教問題

(C)探討老師的教學功能 　　(D)強調老師的重要性

19. 下列詩句，何者最能看出作者人格理想的投射？

(A)明月松間照，清泉石上流

(B)採菊東籬下，悠然見南山

(C)波光裡的豔影，在我的心頭蕩漾

(D)映階碧草自春色，隔葉黃鸝空好音

20. 嚴羽《滄浪詩話》：「律詩難於古詩，絕句難於八句；七言律詩難於五言律詩，五言絕句難於七言絕句。」依照這段話推斷，嚴羽認為最難寫的詩是：
(A)七言律詩　　　(B)七言絕句　　　(C)五言律詩　　　(D)五言絕句

21. 「有的還很新，有的已經破損，或者字跡模糊，或者在折縫處已經磨開了口。新的，他當然喜歡，可是最痛惜的，還是那些舊的、破的、用原子筆劃滿了記號的。只有它們才瞭解，他闖過哪些城，穿過哪些鎮，在異國的大平原上嚐過多少州多少郡的空寂。」
上列這段文字中的「它們」，最有可能指的是：
(A)報紙　　　(B)地圖　　　(C)護照　　　(D)相簿

22. 「掃街拜票」是由兩組「動詞＋名詞」的詞語（「掃＋街」、「拜＋票」）結合而成。下列詞語，何者有與之相同的構詞方式？
(A)魔戒現身　　　(B)瞞天過海　　　(C)強殖入侵　　　(D)神隱少女

23. 下列是一段拆散了的現代散文，請依文意選出排列順序最恰當的選項：
「這裡的人們，（甲）海洋是難懂得多了，　（乙）比起那些書來，　（丙）可是，他們卻能夠讀懂海洋，　（丁）也許不一定都會讀懂那些厚部頭書，　而這裡的人們卻有能力消化它。」
(A)乙甲丁丙　　　(B)乙丁丙甲　　　(C)丁乙甲丙　　　(D)丁丙乙甲

24. 下列文句，何者沒有使用「頂真」的修辭手法？
(A)青，取之於藍，而青於藍
(B)謫居臥病潯陽城，潯陽地僻無音樂
(C)夏蟲也為我沉默，沉默是今晚的康橋
(D)青青河畔草，綿綿思遠道。遠道不可思，宿昔夢見之

25. 下列詩句，何者不是以具體物象比喻抽象情緒？
(A)我的寂寞是一條長蛇／靜靜地沒有言語
(B)白髮的心事在燈下／起伏如滿滿一海峽風浪
(C)我的妝鏡是一隻弓背的貓／不住底變換它底眼瞳
(D)孤獨是一匹衰老的獸／潛伏在我亂石磊磊的心裡

26. 下列四副春聯，若以前句爲上聯，後句爲下聯，哪一副順序正確？
    (A)萬象回春，一元復始
    (B)大地轉新機，普天開景運
    (C)五陵春色泛桃花，萬里和風生柳葉
    (D) 天開美景風雲靜，春到人間氣象新

27. 某人父親病逝，母親尙在，按傳統禮俗，他應自稱：
    (A)未亡人　　　　(B)孤哀子　　　　(C)孤子　　　　(D)哀子

28. 下列有關公文「函」的說明，何者錯誤？
    (A)函是各機關處理公務使用的文書，有上行文、平行文、下行文之分
    (B)函的本文，一般分「主旨」、「說明」、「辦法」三段；若案情簡單，可
    用「主旨」一段完成者，則盡量用一段完成
    (C)「說明」一段，段名可視需要改爲「經過」、「原因」等
    (D)「辦法」一段須重複「主旨」的內容，同時加上希望對方辦理的期望
    目的語，如「請 核示」、「請查照辦理」等

29. 何紹基題「岳陽樓」聯之上聯云：「一樓何奇！杜少陵五言絕唱，范希文
    兩字關情，滕子京百廢俱興，呂純陽三過必醉。」其中「范希文兩字關
    情」一句，係指范仲淹〈岳陽樓記〉有兩個字足爲全篇關鍵，此二字應
    爲：
    (A)興／廢　　　　(B)憂／樂　　　　(C)古／今　　　　(D)晴／雨

30. 下列作品，何者不是作者在貶謫後抒發感懷之作？
    (A)陶淵明〈桃花源記〉　　　　　(B)白居易〈琵琶行〉
    (C)歐陽脩〈醉翁亭記〉　　　　　(D)蘇轍〈黃州快哉亭記〉

31. 下列敘述，何者正確？
    (A)《世說新語》是南北朝筆記小說
    (B)《老殘遊記》是明代章回小說
    (C)《三國志》是元代歷史演義小說
    (D)《儒林外史》是清代俠義小說

32. 某網站想設計一個虛擬的高峰會，討論「甲、權威式管理」和「乙、啓發式管理」何者最具成效，如各找一位思想與主題相契合的古人來闡述，則最恰當的人選應是：
    (A)甲：孔子；乙：韓非 　　　　 (B)甲：韓非；乙：孔子
    (C)甲：孟子；乙：莊子 　　　　 (D)甲：莊子；乙：孟子

▲閱讀下列短文，回答 33 至 34 題

中國的「田園詩」，到東晉的陶淵明時才具備獨立的風格，他的詩將田園景致與 33 相互融合，開創了田園詩的新境界。唐代初期，田園詩並不多，直到盛唐時 34 出現，田園詩才有可觀的發展，雖然兩人詩風不同，卻都留下許多膾炙人口的田園詩。

33. (A)隱逸生活 　　 (B)遊仙思想 　　 (C)行旅感懷 　　 (D)諷諫意圖
34. (A)李白、杜甫 　　 (B)王維、孟浩然 　　 (C)李白、王維 　　 (D)孟浩然、杜甫

貳、閱讀能力測驗

▲閱讀下列古代散文，回答 35 至 38 題

韓壽美姿容，賈充辟以為掾(註 1)；充每聚會，其女於青璅(註 2)中看，見壽，悅之，內懷存想，發於吟詠。後婢往壽家，具述如此，并言女色麗。壽聞之心動，遂請婢潛修音問(註 3)。及期往宿，壽蹻捷絕人，踰牆而入，家中莫知。自是充覺女盛自拂拭，說暢(註 4)有異於常。後會諸吏，聞壽有奇香之氣，是外國所貢；一箸人，則歷月不歇。充計武帝唯賜己及陳騫，餘家無此香，疑壽與女通；而垣牆重密，門閤急峻，何由得爾？乃託言有盜，令人修牆。使反曰：「其餘無異；唯東北角有人跡，而牆高，非人所踰。」充乃取女左右考問，即以狀對。充祕之，以女妻壽。（《世說新語・惑溺》）

　　註釋：1.辟以為掾：徵用為屬官。　2.青璅：古代門窗上的裝飾，「璅」通「瑣」。　3.音問：訊息。　4.說暢：悅暢。

35. 下列文句「」內字詞的解釋，何者正確？
    (A)韓壽「美姿容」：喜歡美女 　　　 (B)一「箸」人：通「著」，沾染
    (C)充「計」武帝唯賜己及陳騫：計畫 　(D)乃「託言」有盜：託人傳話

36. 根據上文，有關賈充的描述，何者不正確？
(A)常被人蒙在鼓裡　　　　　　(B)相當注意子女的言行
(C)願意成人之美　　　　　　　(D)心思縝密且善於推理

37. 下列詞語，何者最適合用來描述賈充之女？
(A)矜持保守　　(B)矯揉造作　　(C)熱情主動　　(D)表裏不一

38. 根據上文，賈充的女兒為什麼要盛自拂拭？
(A)掩飾偷情行為　　(B)學習打理家務　　(C)欲與女婢競艷　　(D)女為悅己者容

▲閱讀下列現代詩，回答 39 至 41 題
一彎弧線，輕柔地
承載天地所有的重負
一條會唱歌的溪流
把一粒一粒頑石
雕成剔透的水晶　　（林廣〈微笑〉）

39. 詩中「一彎弧線」指的是：
(A)唇形　　　　(B)眉形　　　　(C)眼形　　　　(D)臉形

40. 「一條會唱歌的溪流／把一粒一粒頑石／雕成剔透的水晶」意謂：
(A)微笑是人類最精緻的表情　　(B)微笑可以讓世界更美好
(C)微笑可以提高友誼的價值　　(D)微笑是教育的最佳方式

41. 「一條會唱歌的溪流」運用「擬人」的寫作手法，下列流行歌詞，何者也有相同的表現手法？
(A)海的那一邊，烏雲一整片，我很想為了你快樂一點
(B)陪你去看流星雨落在這地球上，讓你的淚落在我肩膀
(C)廣場一枚銅幣，悲傷得很隱密，它在許願池裡輕輕歎息
(D)半夜睡不著覺，把心情哼成歌，只好到屋頂找另一個夢境

參、語文表達能力測驗

42. 閱讀下列文字，並判斷畫線的語詞，何者是贅詞？

行政院(甲)閣揆游院長，為了矯正奢靡的社會(乙)風氣，上任之後即提出官員履新不得收受花籃賀禮、(丙)宴客每桌勿超過新台幣六千元(丁)的主張。

(A)甲 　　　　　(B)乙 　　　　　(C)丙 　　　　　(D)丁

43. 閱讀下列文字，選出最適合填入□中的詞彙：

對於都會地區的交通問題，□□是上下班尖峰時間車輛大排長龍的現象，最好的改善方法就是發展大眾運輸工具。□□讓大眾運輸工具更為便捷，交通壅塞的問題才能獲得紓解，□□可以提高上班族搭乘大眾運輸工具的意願，降低尖峰時間的汽、機車流量。

(A)尤其／唯有／至少 　　　　　(B)特別／如果／或者

(C)或者／如果／尤其 　　　　　(D)特別／至少／尤其

44. 閱讀下列文字，選出最適合填入□中的詞彙：

林素蘭身材優美，□□□□，所以班上的男同學都喜歡對她□□□。

(A)風度翩翩／打秋風 　　　　　(B)婀娜多姿／獻殷勤

(C)楚楚可憐／假正經 　　　　　(D)玲瓏可愛／拋媚眼

45. 下列文句「」內的成語，何者使用正確？

(A)張先生樂善好施的義行，值得大家「群起效尤」

(B)在強大的威脅下，使他「噤若寒蟬」，不敢指證

(C)兩位主持人默契十足，是不可多得的「一丘之貉」

(D)熟讀說明書，操作起來就能像「緣木求魚」般得心應手

46. 閱讀下列文字，選出最適合填入□中的詞彙：

多數人的收入還沒有到手，早已安排了用途，那就是有名的分期付款。照從前的看法，分期付款就是□□□□，應該極力避免；現在卻定為消費法則，人人遵守。(王鼎鈞《我們現代人》)

(A)短視近利 　　　(B)寅吃卯糧 　　　(C)量入為出 　　　(D)為人作嫁

47. 閱讀下列文字，選出最適合填入□中的詞彙：

桌上有□□騰騰的菜肴，餐桌上方□□下來的仍是傳統□□的柔柔燈光。不像客廳或書房中所換的白色球形日光燈，燈光白而冷，顯得理性而□□。（黃永武〈一夕情話〉）

(A)熱煙／放射／淡黃／仁慈　　　(B)熱煙／投射／淡黃／剛強
(C)熱氣／放射／昏黃／淒涼　　　(D)熱氣／投射／昏黃／無情

▲閱讀下列文字，回答 48 至 50 題

這本原文書，充斥著許多陌生的專有名詞，都是以前沒唸過的。而我之所以要讀這本書的原因，無非是希望能通過今年度的檢定考試。根據過去的情形來看，能通過這項考試的總是本科系學生莫屬，非本科系學生的通過機率岌岌可危，但我相信只要努力不懈，還是有機會成功的。

48. 「而我之所以要讀這本書的原因」一句有冗贅的毛病，下列修改何者最適當？

(A)而我所以要讀這本書的原因　　(B)這本書我之所以要讀的原因
(C)而我之所以要讀這本書　　　　(D)而這本書之所以我要讀

49. 「非本科系學生的通過機率岌岌可危」一句有用詞不當的毛病，下列何者仍屬錯誤的修改？

(A)非本科系學生的通過人數少之又少
(B)非本科系學生要通過簡直難如登天
(C)非本科系學生的通過機率微乎其微
(D)非本科系學生的通過機率難如登天

50. 下列文句，何者造句有明顯的瑕疵？

(A)都是以前沒唸過的
(B)無非是希望能通過今年度的檢定考試
(C)能通過這項考試的總是本科系學生莫屬
(D)但我相信只要努力不懈，還是有機會成功的

92 學年度四技二專統一入學測驗
國文科試題

壹‧綜合測驗

1. 下列「」內字的注音，何者正確？
   (A)不「忮」不求：ㄐㄧˋ
   (B)「蕞」爾小國：ㄗㄨㄟˋ
   (C)光彩「熠」熠：ㄓㄜˊ
   (D)身體「羸」弱：ㄧㄥˊ

2. 下列各選項「」內字的字音，何者兩兩相同？
   (A)他的如「椽」大筆，常人那有置「喙」的餘地
   (B)看些「稗」官野史，對於了解典故，一定會有所「裨」益
   (C)做出這種「貽」笑大方的糗事，他居然還一副「怡」然自得的模樣
   (D)對這些被貶「謫」的官員來說，心情的調「適」實在是一個大問題

3. 下列文句中的「薄」字，何者意義與其他三者不同？
   (A)「薄」海歡騰
   (B)「薄」暮冥冥
   (C)日「薄」西山
   (D)門衰祚「薄」

4. 下列各組文句「」內字形相同的字，何者意義兩兩相同？
   (A)舍正「路」而不由／篳「路」藍縷，以啟山林
   (B)「屬」予作文以記之／武仲以能「屬」文，爲蘭臺令史
   (C)伏「惟」聖朝以孝治天下／洪「惟」我祖先，渡大海，入荒陬
   (D)倉腐寄頓，「陳」陳逼人／向之所欣，俛仰之間，已爲「陳」跡

5. 下列文句「相」字的用法，何者與「過足下，方溫經，猥不敢相煩」的「相」字相同？
   (A)文人「相」輕，自古而然
   (B)管仲「相」桓公，霸諸侯，一匡天下
   (C)生不能「相」養以共居，歿不能撫汝以盡哀
   (D)危而不持，顛而不扶，則將焉用彼「相」矣

6. 下列描述景致的成語，何者通常沒有被轉用成字面以外的意思？
   (A)水落石出　　(B)壁立千仞　　(C)滿城風雨　　(D)紅杏出牆

7. 下圖(一)是依據「植物名」所設計的成語填字遊戲，直的提示為「以此代彼」，橫的提示為「互相贈答」，則直、橫兩行所共用的植物名是：
(A)桃　　　　(B)李
(C)柳　　　　(D)梨

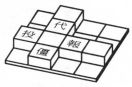

8. 若要概括下列《菜根譚》文句的旨義，下列選項最適當的是：鋤奸杜倖，要放他一條去路。若使之一無所容，譬如塞鼠穴者，一切去路都塞盡，則一切好物俱咬破矣。
(A)窮寇莫追　　　(B)未雨綢繆　　　(C)逼上梁山　　　(D)以退為進

9. 下列五言詩所吟詠的歷史人物是：
函關使不通，燕將重深功。長虹貫白日，易水急寒風。壯髮危冠下，匕首地圖中。琴聲不可識，遺恨沒秦宮。
(A)李斯　　　(B)荊軻　　　(C)張良　　　(D)蘇武

「鼎」的原始字形有「$\overline{\overline{\mathcal{H}}}$」或「$\overline{\overline{\mathcal{H}}}$」，畫的就是古人所用的深底鍋，所以在「六書」上屬於「10」，成語「三足鼎立」反映了這種深底鍋是帶腳的，以方便在鍋底升火。後來，鼎由食器演變成禮器，也成為身分地位的表徵。例如比喻「人各有志」的成語「鐘鼎山林」，即是用「鼎」代表富貴；又如比喻「窺伺天下」的成語「11」，則是以「鼎」做為君位王權的象徵。

上文標有題號 10、11 的缺空處，應填入的選項是：

10. (A)象形　　　(B)指事　　　(C)會意　　　(D)形聲
11. (A)革故鼎新　　(B)問鼎中原　　(C)鐘鼎人家　　(D)鐘鳴鼎食

12. 《論語‧子罕》記載：子貢問孔子：「有美玉於斯，韞匵而藏諸？求善賈而沽諸？」孔子回答：「沽之哉！沽之哉！我待賈者也！」孔子答語意在：
(A)提醒子貢投資需要有精準的眼光
(B)強調他不願做官，以免淪為政治商品
(C)勉勵子貢發揮專長，致力於商業經營
(D)暗示他正期待有德的國君能禮遇重用他

13. 「大家都說我是『名嘴』，其實我是『出了名的挑嘴』。」這句廣告詞故意將「名嘴」一詞拆開、增字以另賦新義，來吸引視聽大眾。下列文句，何者也採用這種修辭方式？
    (A)他很愛逛街購物，是每個月都把薪水花光光的「月光」族
    (B)現代人多吃又不愛運動，久而久之就變成虛胖的「麵龜」族
    (C)衛生署提醒愛嚼檳榔的「紅唇」族：吃檳榔可能有害口腔健康
    (D)許多青少年表面充滿活力，事實上卻完全經不起壓力，有人戲稱他們為「草莓」族

14. 下列文句中的「之」字，用作「代名詞」的有：
    海之魚，有烏賊其名者，呴水而水烏。戲於岸間，懼物之窺己也，則呴水以自蔽。海鳥視之而疑，知其魚而攫之。
    (A)1 個　　　　(B)2 個　　　　(C)3 個　　　　(D)4 個

15. 下列文句「」內的詞，何者未將原屬詞類轉換為其他詞類使用？
    (A)「蠶」食諸侯　　　　　　(B)乃「簪」一花
    (C)卻賓客以「業」諸侯　　　(D)佩紫懷「黃」

16. 下列何者不是倒裝句？
    (A)吾誰與歸　　　　　　　　(B)位卑則足羞
    (C)唯兄嫂是依　　　　　　　(D)不患人之不己知

17. 下列是一首中間拆散了的現代詩，請依文意選出排序最恰當的選項：詩人乃是一種奇異的鳥／(甲)吟詠出他優美的歌聲／(乙)然後駐留在我們之間／(丙)假如我們不歌誦他／(丁)他自神聖的領域升起／那麼／他將再度展翼／飛回他的故鄉
    (A)甲丙丁乙　　(B)乙丙甲丁　　(C)丙甲乙丁　　(D)丁乙甲丙

18. 一首好的詩，所選用的譬喻必與所形容的物象緊密呼應。下列現代詩，請依詩意仔細推敲，選出最適合填入□的詞語：
    玻璃桌是□□的湖／半盞紅酒卻似□□暖照著／你如一陣春風來到，在湖的彼岸／坐下（鄭愁予〈對飲〉）
    (A)結冰／夕陽　　(B)積雪／明月　　(C)起風／晨曦　　(D)驟雨／烈日

19. 左圖是一則古代寓言漫畫，□內是鳩與梟的對話，若將(甲)、(乙)、(丙)、(丁)四句話依對話順序填入，正確的選項是：

(甲) 我將東徙。　　　　(乙) 鄉人皆惡我鳴，以故東徙。
(丙) 子將安之？　　　　(丁) 何故？

(A)甲；丙；乙；丁　　　　　(B)甲；丁；乙；丙
(C)丙；甲；丁；乙　　　　　(D)丙；乙；甲；丁

20. 下列含有「是」字的詩句，何者使用了譬喻修辭法？
   (A)我想媽媽從前／也是一個可愛的嬰孩
   (B)是誰傳下這詩人的行業／黃昏裏掛起一盞燈
   (C)稻田是整塊潤澤的綠玉鋪就／且鑲嵌大片純金色的陽光
   (D)只是一顆星罷了／在無邊的黑暗裡／已寫盡了宇宙的寂寞

21. 下列信封中路的「啟封詞」，何者可以肯定是錯誤的？
   (A)王大德先生　安啟　　　　(B)王大德先生　敬啟
   (C)王大德先生　鈞啟　　　　(D)王大德先生　大啟

22. 下列為兩副對聯的四句，若以各組代號在前者為上聯，在後者為下聯，則其正確的選項是：
   （甲）名園依綠水（乙）隨意觀風草（丙）無心學海鷗（丁）野竹上青霄
   (A)甲丙／乙丁　　(B)丙甲／丁乙　　(C)丁甲／丙乙　　(D)甲丁／乙丙

23. 以農曆來說，今年歲次「癸未」，那麼，明年歲次是：

(A)辛巳　　　　　(B)壬午　　　　　(C)甲申　　　　　(D)乙酉

24. 下列爲某部古典小說第二十一回的開場詩，依詩意判斷，此部小說應是：

宋代運祚將傾覆，四海英雄起寥廓。流光垂象在山東，天罡上應三十六。
瑞氣盤旋繞鄆城，此鄉生降宋公明……他年自到梁山泊，綉旗影搖雲水
濱。替天行道呼保義，上應玉府天魁星。

(A)《西遊記》　(B)《水滸傳》　(C)《七俠五義》　(D)《三國演義》

▲ 閱讀下列由子女具名的壽慶束帖，回答 25-26 題

25. 束帖中那一個詞語使用不當？

(A)令堂　　　(B)華誕　　　(C)桃觴　　　(D)台光

26. 接獲上述束帖，下列何者可用爲祝壽的題辭？

(A)弄璋之喜　(B)慈竹長青　(C)宜其室家　(D)彤管流芳

27. 下列人物，何組不應列入「臺灣現代文學作家」傳記？

(A)梁實秋、陳之藩　　　　(B)琦君、張曉風

(C)鄭愁予、余光中　　　　(D)徐志摩、朱光潛

28. 下列四篇文章的開頭，何者不是使用「開門見山」的破題法？

(A)〈勸學〉：「君子曰：學不可以已……」

(B)〈諫逐客書〉：「臣聞吏議逐客，竊以爲過矣……」

(C)〈六國論〉：「六國破滅，非兵不利、戰不善，弊在賂秦……」

(D)〈過秦論〉：「秦孝公據殽、函之固，擁雍州之地，君臣固守，以窺周室……」

29. 下列篇章，何組皆屬於「以下諫上」的性質？

(A)韓愈〈師說〉／司馬光〈訓儉示康〉

(B)歐陽脩〈縱囚論〉／顧炎武〈廉恥〉

(C)范仲淹〈岳陽樓記〉／蘇軾〈教戰守策〉

(D)諸葛亮〈出師表〉／魏徵〈諫太宗十思疏〉

中華民國九十二年四月十九日（星期六）為
令堂王太夫人八秩華誕，敬備桃觴
恭請
台光
陳○○　陳○○
謹訂

▲ 下圖(二)為宋代文學展覽場的樓層簡介，請據此回答 30－31 題

30. 展覽場若想介紹「歐陽脩」的文學成就，相
    關的圖片、文字資料應陳列在：
    (A)1、2 樓　　　　(B)1、3 樓
    (C)2、3 樓　　　　(D)1、2、3 樓

31. 如果你是解說員，在 2 樓預備依時代先後介
    紹下列四位詞家，則你的導覽順序應是：
    （甲）柳永（乙）辛棄疾（丙）蘇軾（丁）李清照
    (A)甲丙丁乙　　　(B)甲丙乙丁　　　(C)丙甲乙丁　　　(D)丙丁甲乙

貳、閱讀能力測驗

▲ 閱讀下列現代詩，回答 32－33 題

　　　從空中鳥瞰
　　　被你呈現肌理的美吸引
　　　急切降落到你的身上
　　　你是太平洋上的
　　　美人魚
　　　我永恆故鄉的座標　　　（李魁賢〈島嶼臺灣〉）

32. 詩中的「你」是指：
    (A)想念的人　　　(B)臺灣　　　(C)美人　　　(D)太平洋

33. 下列關於這首詩的敘述，何者正確？
    (A)作者旨在讚歎人體的肌理之美
    (B)作者想學魯賓遜漂流到荒島獨居
    (C)作者旨在表達他對故鄉的熱愛與頌揚
    (D)作者夢想自己的故鄉也在太平洋中

▲ 閱讀下列文章，回答 34－35 題

　　蘇易者，廬陵婦人，善看產。夜忽為虎所取，行六七里，至大壙，曆易置
地，蹲而守。見有牝虎當產，不能解，匍匐欲死，輒仰視。易悟之，乃為
探出之，有三子。生畢，虎負易還，再三送野肉於門內。（《搜神記》卷20）

34. 就專長而言，蘇易類似今日的：

(A)藥劑師　　　　(B)助產士　　　　(C)馴獸師　　　　(D)外科醫生

35. 下列文句「 」內字的解釋，何者正確？

(A)夜忽為虎所「取」：婚娶　　　(B)「厝」易置地：安放

(C)有「牝」虎當產：兇猛　　　　(D)不能「解」：理解

▲ 閱讀下列古代詩，回答 36－37 題

　　長安少年無遠圖，一生惟羨執金吾。麒麟前殿拜天子，走馬西擊長城胡。
　　胡沙獵獵吹人面，漢虜相逢不相見。遙聞鼙鼓動地來，傳道單于夜猶戰。
　　此時顧恩寧顧身，為君一行摧萬人。壯士揮戈回白日，單于滅血染朱輪。
　　歸來飲馬長城窟，長城道傍多白骨。問之者老何代人，云是秦王築城卒。
　　黃昏塞北無人煙，鬼哭啾啾聲沸天。無罪見誅功不賞，孤魂流落此城邊。
　　當昔秦王按劍起，諸侯膝行不敢視。富國強兵二十年，築怨興徭九千里。
　　秦王築城何太愚，天實亡秦非北胡。一朝禍起蕭牆內，渭水咸陽不復都。

（王翰〈飲馬長城窟行〉）

36. 下列有關本詩的說明，何者正確？

(A)本詩四句換一韻

(B)本詩為古詩，因此沒有對仗的句子

(C)詩中有一段「秦王」與「築城卒」的對話

(D)詩中主角曾經親歷的空間包括：麒麟殿、西北戰場、長城邊、渭水咸
陽

37. 下列有關本詩意涵的敘述，何者正確？

(A)本詩主角戰前認為戰爭可以創造英雄，但戰後朝廷卻一無封賞，令他
失望感慨

(B)本詩主角在沙場上親睹戰爭的殘酷，令他忧目驚心，後悔步上從軍立
功這條路

(C)詩人感慨的指出：國家禍患往往不是來自外敵，而是來自內部政局的
紛擾動盪

(D)詩人回顧歷史興亡，認為國家氣運的消長乃是宿命，並非人為的力量
所能扭轉

▲ 閱讀下列文章，回答38－39題

　　上（皇太極）欲收承疇為用，命范文程諭降。承疇方科跣謾罵，文程徐與語，泛及古今事。梁間塵偶落，著承疇衣，承疇拂去之。文程遽歸，告上曰：「承疇必不死；惜其衣，況其身乎？」上自臨視，解所御貂裘衣之，曰：「先生得無寒乎？」承疇瞠視久，歎曰：「真命世之主也。」乃叩頭請降。（《清史稿·洪承疇傳》）

38. 洪承疇的什麼動作，被范文程看出可以招降？
　　(A)科跣謾罵　　　(B)瞠目久視　　　(C)泛論古今　　　(D)拂去衣塵

39. 皇太極以貂裘衣洪承疇，其真正的用意在：
　　(A)哀憐其受寒　　(B)平息其怒氣　　(C)誘使其易節　　(D)賞謝其請降

參、語文表達能力測驗

40. 下列各成語「」內的字，何者誤用？
　　(A)一見「鍾」情　　　　　　　　(B)三餐不「繼」
　　(C)金榜「提」名　　　　　　　　(D)追根究「柢」

41. 下列文句，何者沒有錯別字？
　　(A)面對瑣碎的事務，要懂得以簡馭繁
　　(B)我國少棒選手在國際比賽中傑報頻傳，令人興奮
　　(C)班上的同學會，他經常缺席，已經被列入緊急通輯名單
　　(D)美國哥倫比亞太空梭爆炸事件，是今年春節最令人震撼的新聞

42. 下列各選項「」內的注音寫成國字，何者兩兩相同？
　　(A)我沉「ㄇㄛˋ」，但這並不代表對你就「ㄇㄛˋ」不關心
　　(B)「ㄇㄠˊ」失鬼指的就是那些容易「ㄇㄠˊ」然行事的傢伙
　　(C)長期處在「ㄐㄧ」餓狀態，怪不得他一副面黃「ㄐㄧ」瘦的模樣
　　(D)諸葛亮任蜀相後，事必「ㄍㄨㄥ」親，萬分辛勞，於是『鞠「ㄍㄨㄥ」盡瘁，死而後已』便成了他的宿命

43. 閱讀下列文字，選出最適合填入□的詞語：

□□正視問題的癥結，勇於取捨，□□從困境中超越出來，□□滾雪球似的，造成惡性循環。

(A)唯有／才能／以免　　　　　(B)唯有／否則／以免

(C)除非／以致／才能　　　　　(D)除非／才能／以致

44. 下列畫線的語詞，何者是明顯多出來的贅詞？

今年二月五日，臺灣(甲)當日的報紙，首次經由金廈「小三通」(乙)航線途徑(丙)正式在廈門登陸。有了直航快遞，此後當地訂閱臺灣報紙的用戶，(丁)肯定會直線上升。

(A)甲　　　　(B)乙　　　　(C)丙　　　　(D)丁

45. 下列文句「 」內的詞語，何者使用正確？

(A)陳科長辦事認真負責，長官都很「愛戴」他

(B)我將機器操作上的困難「投訴」老師，請老師幫忙

(C)雖然工作的過程令人緊張，卻能「開發」我們的潛能

(D)如果你忘了那家餐廳的電話號碼，可以向查號臺「盤問」

46. 閱讀下列文字，選出最適合填入□的詞語：

我一位新來的上司，□□了一段他□□出來的觀人術。他說當你的老闆突然見到你會滿臉堆笑、面呈一團和氣，甚至不大派給你工作時，就是你該□□□走路的時候了。

(A)走露／推敲／捲舖蓋　　　　(B)透露／推敲／炒魷魚

(C)走露／揣摩／炒魷魚　　　　(D)透露／揣摩／捲舖蓋

47. 閱讀下列文字，選出最適合填入□的詞語：

我剛進大學的時候，有兩位年老的圖書管理員笑咪咪地告訴我，他們能從一年級學生的借書卡上預測這些學生將來的成就，幾乎是□□□□。

(A)百試不爽　　(B)無一倖免　　(C)牛刀小試　　(D) 如數家珍

48. 閱讀下列文字，選出最適合填入□的成語：

南丁格爾生來就是個富家千金小姐，住的是豪門巨宅，穿的是錦衣，吃的是玉食。從少女時代開始，就在倫敦的社交圈□□□□，周旋於王公貴婦、才子佳人之間。

(A)嶄露頭角　　　　　　　(B)頤指氣使
(C)宦海浮沉　　　　　　　(D)折衝樽俎

▲閱讀下列小安給友人小平的信，回答 49 – 50 題

小平：

　　(甲)我不知怎的，(乙)我越接近統測，越發想往外跑，就是偏偏天公不作美，雨總是下個不停。(丙)我窩在家裡，除了 K 書還是 K 書，(丁)我真的都快悶死啦！可是前天(戊)我老爸嚴重強烈的警告(己)我，不準(庚)我在懶散下去，非要(辛)我今年考取大學不可。

　　所以，(壬)我還是死掉這個心吧！最近不能在找你出去玩了，(癸)我要強打起精神來，做最後的衝刺！假如天氣轉晴，我們就出去好好的放鬆一下，先去好好看場電影，在去網咖大戰一場。　小安

49. 下列敘述，何者不是此信的毛病：

(A)贅詞頗多
(B)分段不當，上下無法連貫
(C)錯別字頗多
(D)多處使用不恰當的流行語

50. 關於文中「我」字的修改，下列敘述何者錯誤？

(A)甲、乙至少應刪去一處
(B)丙、丁可保留其中一處
(C)戊、己、庚、辛四處皆應刪去
(D)壬、癸二處皆可以保留

93 學年度四技二專統一入學測驗
國文科試題

壹、綜合測驗

1. 下列文句「」內字的讀音，何者錯誤？
    (A) 擠「兌」風潮：ㄉㄨㄟˋ
    (B) 提綱「挈」領：ㄑㄧˋ
    (C) 「鷸」蚌相爭：ㄩˋ
    (D) 針「砭」時事：ㄅㄧㄢ

2. 下列詞語，何者不屬於疊韻？
    (A) 樂道
    (B) 宛轉
    (C) 輕盈
    (D) 須臾

3. 下列文句中的「使」字，何者具有假設的涵義？
    (A) 出師未捷身先死，長「使」英雄淚滿襟
    (B) 你今日既到這裡，不可「使」你那江州性兒
    (C) 士生於世，「使」其中不自得，將何往而非病
    (D) 若得如此，宋江星夜「使」人回家搬取老父，以絕根本

4. 下列文句「」內的詞，何者不是指短暫的時間？
    (A) 「已而」，夕陽在山，人影散亂
    (B) 居「有頃」，倚柱彈其劍，歌曰：長鋏歸來乎
    (C) 「少焉」，月出於東山之上，徘徊於斗牛之間
    (D) 受任於敗軍之際，奉命於危難之間，「爾來」二十有一年矣

5. 下列成語，何者適合描寫「自然環境的靜謐」？
    (A) 堅壁清野
    (B) 萬籟俱寂
    (C) 門可羅雀
    (D) 環堵蕭然

6. 「車子以弧形的角度畫過後山，一排楓樹迎面而來。」這句話意謂：
    (A) 車繞著山路尋找一排楓樹
    (B) 一排楓樹擋住弧形的山路
    (C) 行車轉彎後突然看見一排楓樹
    (D) 剎車失靈，差點撞上一排楓樹

7. 「不到峨嵋不看山，並不正確；一路看山到峨嵋，才是生活的態度。」
這段話意謂：
    (A) 失去，才知道擁有的可貴
    (B) 選擇你所愛的，愛你所選擇的
    (C) 人生重要的是過程，不是結果
    (D) 沒有喜悅的人生，是沒有油的燈

8. 關於下列兩首詩的敘述，何者正確？

甲、勝敗兵家事不期，包羞忍恥是男兒；江東子弟多才俊，捲土重來未可知。—杜牧〈題烏江〉

乙、百戰疲勞壯士哀，中原一敗勢難回；江東子弟今雖在，肯為君王捲土來。—王安石〈烏江亭〉

(A) 甲詩同情項羽兵敗烏江　　　(B)乙詩批評項羽不識時務

(C) 二詩皆認爲項羽應該捲土重來　(D)二詩主題皆在描寫戰爭的慘烈

9. 閱讀下文，選出最適合填入_____的文句：

張三熱情邀約李四飲酒，李四客套說：「萍水相逢，何敢叨擾？」張三急忙回應：「說那裡話！_____。」

(A) 君子不憂不懼　　　　(B) 德不孤，必有鄰

(C) 四海之內，皆兄弟也　(D) 君子成人之美，不成人之惡

10. 下列各組文句的意義，何者兩兩相近？

(A) 位卑則足羞，官盛則近諛／不才明主棄，多病故人疏

(B) 挾飛仙以遨遊，抱明月而長終／露從今夜白，月是故鄉明

(C) 質的張而弓矢至焉，林木茂而斧斤至焉／禍福無門，惟人自召

(D) 風無雄雌之異，而人有遇不遇之變／天有不測風雲，人有旦夕禍福

11. 閱讀下文，並推斷「羲皇上人」是比喻何種生活態度？

少學琴書，偶愛閑靜。開卷有得，便欣然忘食。見樹木交陰，時鳥變聲，亦復歡然有喜。常言五、六月中，北窗下臥，遇涼風暫至，自謂是羲皇上人。

(A) 恬淡寡欲　　(B) 熱衷利祿　　(C) 志濟天下　　(D) 豪邁不羈

12. 閱讀下文，並推斷它的主要意涵：

生命像五線譜，有高昂的音符，也有低沉的音符。我們如果只選擇高昂而捨棄低沉，就不能奏出美妙的樂章。

(A) 音樂的魅力，來自旋律的高低起伏

(B) 人生應致力向上提升，拒絕向下沈淪

(C) 音樂使生命更豐富，生命使音樂更美妙

(D) 生命的精彩，來自於在得意與失意交錯中成長

13. 閱讀下文，並推斷何種人最不適合居家工作？

越來越多人打算留在家中工作，希望以自僱的方式開創事業。不過有此
打算的人一旦發現有下列現象，最好改變主意：

※每隔一小時便去檢查放髒衣服的籃子，看看髒衣服是否多到可以放進
洗衣機中

※能夠說出各電視台綜藝節目主持人、偶像劇男女主角的名字

※吃完早餐就開始為晚餐吃什麼而費思量

(A)有潔癖者　　　(B)好奇心強者　　　(C)容易分心者　　　(D)杞人憂天者

14. 下列是《儒林外史》中敘述「新科舉人范進要將賀喜的錢還給岳丈胡屠
戶」的文字，請判斷畫線處描寫胡屠戶的何種心情？

范進……便包了兩錠，叫胡屠戶進來，遞與他道：「方纔費老爹的心，
掌了五千錢來，這六兩多銀子，老爹掌了去。」屠戶把銀子攢在手裡緊
緊的，把拳頭舒過來道：「這個，你且收著。我原是賀你的，怎好又掌
了回去？」范進道：「眼見得我這裡還有這幾兩銀子，若用完了，再來
問老爹討來用。」屠戶連忙把拳頭縮了回去，往腰裡揣。

(A) 嫉妒范進的富有　　　　　　(B) 被范進的孝心感動
(C) 捨不得將錢送給范進　　　　(D) 讚賞范進沒錢卻有骨氣

15. 下列文句，何者沒有「兩相比較，後者為佳」的涵義？

(A) 禮，與其奢也，寧儉
(B) 天涯何處無芳草，何必單戀一朵花
(C) 與其詛咒黑暗，不如點起一支蠟燭
(D) 與其從辟人之士也，孰若從辟世之士哉

16. 「一本萬利」一詞，指「一個資本可賺進萬倍利潤」，構詞時省略動詞
「賺」，僅以「一本」、「萬利」並列組成。下列成語，何者不屬於這種
構詞方式？

(A) 一唱三嘆　　　　　(B) 一日千里
(C) 一石二鳥　　　　　(D) 一目十行

17. 下列文句，何者沒有使用譬喻？
    (A) 一顆星子懸在科學館的飛簷，耳墜子一般地懸著
    (B) 當愛情不再長出新的嫩芽，回憶只是逐漸沉淪的晚霞
    (C) 我的付出全都要不到回音，悔恨就像是綿延不斷的丘陵
    (D) 我敏感地數著那潮水的速度，想像岸上幾盞捕魚人的風燈在殘星下明滅

18. 「我聞琵琶已嘆息，又聞此語重唧唧」，在語意上有「已……更何況……」的層次遞進。下列文句，何者也採用類似的表意方式？
    (A) 寧以義死，不苟幸生
    (B) 乃不知有漢，無論魏晉
    (C) 結廬在人境，而無車馬喧
    (D) 鍥而舍之，朽木不折；鍥而不舍，金石可鏤

19. 下列「」內的句子，何者屬於「倒裝」句？
    (A) 「日割月削」，以趨於亡　　　　(B) 「之子于歸」，宜其室家
    (C) 言利辭倒，「不求其實」　　　　(D) 皇天無親，「惟德是輔」

20. 下列是一段中間拆散了的古代散文，請依文意選出排序最恰當的選項：
    贓官可恨，人人知之；清官尤可恨，人多不知。
    > 甲、清官則自以為不要錢，
    > 乙、不敢公然為非，
    > 丙、何所不可？
    > 丁、蓋贓官自知有病，
    剛愎自用，小則殺人，大則誤國。
    (A)甲乙丁丙　　　(B)甲丁乙丙　　　(C)丁甲丙乙　　　(D)丁乙甲丙

21. 下列祝賀題辭的使用，何者正確？
    (A) 「弄璋之喜」賀生子　　　　(B) 「絳帳春風」賀結婚
    (C) 「喬遷之喜」賀長官高升　　(D) 「業紹陶朱」賀醫院開張

22. 甲、乙、丙、丁四句爲一副題詠「圖書館」的對聯，請依據文意及對聯格式，選擇正確的排列順序：

甲、開寶藏以利後人　　　　乙、匯群流而歸大海

丙、文化五千年　　　　　　丁、圖史十萬冊

(A)甲丙／乙丁　　(B)乙丙／甲丁　　(C)丙乙／丁甲　　(D)丁甲／丙乙

23. 請依據下列甲、乙、丙三則提示，推斷何組是可能的作者？

甲、作品文字樸實

乙、語言風格具有區域性

丙、展現台灣日治時期社會文化的特色

(A) 琦君、張曉風　　　　　(B) 連橫、王鼎鈞

(C) 賴和、吳濁流　　　　　(D) 張愛玲、白先勇

24. 閱讀下列《人間詞話》的文字，推測作者認爲李後主詞的特色爲何？

詞人者，不失其赤子之心者也。故生於深宮之中，長於婦人之手，是後主爲人君所短處，亦即爲詞人所長處。

(A) 感情真摯　　(B) 長於閨怨　　(C) 詞采華麗　　(D) 憂讒畏譏

25. 閱讀下列《紅樓夢》的文字，推測文中的「她」是指：

丫鬟們素日知道她的情性：無事悶坐，不是愁眉，便是長嘆，且好端端的，不知爲著什麼，常常的便自淚不乾的。

(A) 林黛玉　　(B) 薛寶釵　　(C) 王熙鳳　　(D) 劉老老

▲ 26 – 27 爲題組，閱讀下圖對話，回答 26 – 27 題

26. 依據上文，甲、乙、丙依序應為何物？

    (A)茶／酒／水   (B)茶／水／酒   (C)酒／水／茶   (D)酒／茶／水

27. 依據上文，下列說明何者正確？

    (A) 茶以醒酒自豪   (B) 水好源於茶好酒好

    (C) 酒自誇為祭祀聖品   (D) 「瓊漿」指茶，「黃湯」指酒

貳、篇章閱讀能力測驗

▲ 閱讀下列文章，回答 28－30 題

    能代替蔗糖，且具有甜味的物質，都可稱為「代糖」。

    如「阿斯巴甜」是一種蛋白質類的代糖，因為不是「糖」，人體消化後不會造成血糖上升，所以糖尿病患可以食用。而一公克阿斯巴甜產生的熱量與蔗糖相同，但其甜度比蔗糖高兩百倍。

    另一種糖醇類的代糖，如山梨醇及木糖醇，甜度較蔗糖低，而且不易被口中的細菌利用，加上具有清涼的甜味，所以常被用於口香糖及低甜度食品，它又可耐高溫，許多糖尿病患的年糕、豆沙包等都用它來製作。

    還有從植物萃取而得的代糖，如甘草。它嘗起來甜膩，不會產生熱量，對人體無害，所以我國與日本皆未限制用量。

    糖精，這種代糖的甜度是蔗糖的三百至四百倍，且人體無法代謝利用，因此不會產生熱量，糖尿病患及體重過重者均可使用。

    （改寫自郝龍斌《健康飲食 Go, Go, Go！》）

28. 依據上文，下列敘述何者正確？

    (A)阿斯巴甜人體無法代謝利用   (B)糖尿病患可吃含山梨醇的年糕

    (C)大量食用糖精，可能導致肥胖   (D)甘草耐高溫，可增加豆沙包甜度

29. 請依甜度由高至低的次序，為下列四者排列順序：

    甲、山梨醇   乙、糖精   丙、阿斯巴甜   丁、蔗糖

    (A) 丙甲丁乙   (B) 乙丙甲丁   (C) 丙丁甲乙   (D) 乙丙丁甲

30. 依據上文，糖精與阿斯巴甜的共同特點是：

    (A) 可耐高溫   (B) 不會產生熱量

    (C) 甜度是蔗糖的三百倍   (D) 糖尿病患者可以食用

▲ 閱讀下列文章，回答 31－32 題

　　美國東部的「十七年蟬」，幼蟲住在地下長達十七年，僅靠吸吮大樹根的汁液過活；奇特的是，同一地點的上百萬隻幼蟲總會在數週內一起爬出地面，蛻變為蟬，並於交配產卵後共赴黃泉。美國南部的「X 年蟬」亦是如此。

　　這種同步且大量的生殖活動，究竟有什麼好處？在自然界，蟬是許多動物的珍饈，所以它們演化出一種不同凡響的避敵策略——每隔十幾年才大方現身，一旦出現，就多得讓掠食者吃不完。套句演化生物學的術語，這是「超量滿足」。

　　「十七年蟬」的生命週期所以是十七，一是因為這個數字長過潛在敵人的壽命，再則因為「十七」是個質數（除了一及本身外，沒有數字能整除它）。若天敵的生命週期是五年，則十七年蟬就能每五乘十七——即八十五年才倒楣一次。達爾文曾說過：生存就是不停的競爭。事實上，求生的武器不一定是尖牙利爪，生殖方式也可以是不錯的選擇！（改寫自古爾德《達爾文大震撼》）

31.　依據上文，生物的「超量滿足」是以龐大的生殖量，達成何種目的？
　　　(A)佔領生存空間，擴張勢力
　　　(B)增加優良基因者的出生機率
　　　(C)在天敵的掠食下，爭取存活機會
　　　(D)用「以眾擊寡」的戰術，消滅天敵

32.　依據上文，推斷「X 年蟬」的「X」最可能是：
　　　(A) 十二　　　　(B) 十三　　　　(C) 十六　　　　(D) 二十

▲ 閱讀下列文章，回答 33－35 題

　　皇祐二年，吳中大飢，殍殣枕路，是時范文正領浙西，發粟及募民存餉，為術甚備。吳人喜競渡，好為佛事。希文乃縱民競渡，太守日出宴于湖上，自春至夏，居民空巷出遊。又召諸佛寺主首，諭之曰：「飢歲工價至賤，可以大興土木之役。」於是諸寺工作鼎興。又新敕倉吏舍，日役千夫。監司奏劾：「杭州不恤荒政，嬉遊不節，及公私興造，傷耗民力。」文正乃自條敘：「所以宴遊及興造，皆欲以發有餘之財，以惠貧者；貿易、飲食、工技、服力之人，仰食于公私者，日無慮數萬人；荒政之施，莫此為大。」是歲兩浙唯杭州晏然，民不流徙。（沈括《夢溪筆談》）

33. 下列文句的「之」，何者用法與其他三者不同？
(A) 荒政「之」施，莫此爲大
(B) 又召諸佛寺主首，諭「之」曰
(C) 貿易、飲食、工技、服力「之」人
(D) 皆欲以發有餘「之」財，以惠貧者

34. 下列文句「」內的解釋，何者正確？
(A) 吳中大飢，「殍殣枕路」：災民臥在街上抗議
(B) 自春至夏，居民「空巷出遊」：成群結隊熱鬧出遊
(C) 杭州不恤荒政，「嬉遊不節」：態度散漫又不懂禮節
(D) 仰食于公私者，日「無慮數萬人」：數萬人皆無憂無慮

35. 依據上文，下列何者不是范仲淹的賑災之道？
(A) 呼籲民眾節衣縮食
(B) 提倡觀光休閒活動
(C) 招募災民投入公共建設
(D) 鼓勵興造工程，提供就業機會

▲ 閱讀下列文章，回答 36－37 題

　　池邊有隻青蛙，以大學教授的口吻，說著：「水爲什麼而存在？是要給我們游泳的。蟲爲什麼而存在？是要給我們吃的……森羅萬象都爲我們存在的事實，是無可懷疑的。」

　　那隻青蛙仰看天空，翻了一下眼珠，又張開大嘴說：「神的大名，是多麼值得讚頌啊！」可是牠這一句話還沒說完，一個蛇頭猛然伸了一下，叼著那隻青蛙爬到蘆葦裡不見了。

　　一隻年輕的青蛙，發出哭泣般的聲音說：「宇宙萬物不都是爲我們而存在，那麼，蛇也是爲我們而存在的嗎？」

　　「是的，蛇也是爲我們而存在，如果蛇不吃青蛙，我們會源源繁殖，那麼，池塘勢必太狹小，所以，蛇也是爲青蛙而存在的。世界上所有的東西，都是爲我們而存在的。神的大名，是多麼值得讚頌啊。」這是我所聽到的像一隻老青蛙的回答。（節選自芥川龍之芥〈青蛙〉）

36. 作者透過「以大學教授口吻說話的青蛙」和「像一隻老青蛙的青蛙」相互對照，想表達的主題意涵是：
(A) 提醒世人「多行不義必自斃」
(B) 闡述「物競天擇，適者生存」的道理
(C) 諷刺「以大學教授口吻說話的青蛙」孤陋寡聞
(D) 凸顯「像一隻老青蛙的青蛙」對生命體會的深刻

37. 「像一隻老青蛙的青蛙」的言論，最接近先秦思想的那一家？

(A) 儒家   (B) 道家   (C) 法家   (D) 縱橫家

參、語文表達能力測驗

38. 閱讀下文，依序為□選擇最恰當的字：

他們投入地方建設的心力，大家有目共□，因此在民意代表選舉中，果然不□眾望，高票當選。

(A) 睹／富   (B) 堵／富   (C) 睹／負   (D) 堵／負

39. 閱讀下文，依序為「 」內的注音選擇最恰當的字：

甲、不肖董事「ㄊㄠ」空公司資金。

乙、霹靂小組全「ㄈㄨˋ」武裝待命。

丙、業務部決定發「ㄈㄣˋ」拼業績。

(A)淘／付／奮   (B)掏／付／憤   (C)淘／副／奮   (D)掏／副／憤

40. 下列文句，何者沒有錯別字？

(A) 維護港口及海域的安全，是海軍責無旁代的職守

(B) 以迅雷不及掩耳的方式突襲，是戰場上司空見慣的伎倆

(C) 國軍官兵執干戈以衛社稷，使我們能享受安居樂業的生活

(D) 為防止敵軍出其不易的突襲，我方將士枕戈待旦，嚴加防備

41. 下列文句畫線處應如何修改，意思才更明確？

全世界有六千種語言，但只有百分之五有作文系統，其他則只有音而沒有字。

(A) 文字書寫   (B) 拼音寫作   (C) 符號標音   (D) 語言表達

42. 「人應該志向遠大，卻不可□□□□；□□□□固然遺憾，卻不可怨天尤人。」□中應填入的詞語，依序應是：

甲、巧言令色   乙、心灰意冷   丙、好高騖遠   丁、懷才不遇

(A) 甲／乙   (B) 乙／丙   (C) 丙／甲   (D) 丙／丁

43. 下列文句「」內的成語，何者使用正確？
   (A) 長官往生後，部屬們無不「恫瘝在抱」
   (B) 他今年爭取到的業績真是「罄竹難書」
   (C) 利益所在，商人們都「兄弟鬩牆」的爭奪
   (D) 大學畢業後，他決定「克紹箕裘」，繼承祖業

44. 下列文句「」內的詞語，何者使用正確？
   (A) 偶像明星的穿著，最易引發年輕人「見賢思齊」的風潮
   (B) 在眾人交相指責下，他只好以狂笑「排解」這個重大失誤
   (C) 苦等三小時，總算見到了心上人，真是一次美麗的「邂逅」啊
   (D) 姊姊是田徑國手，妹妹也「不遑多讓」，準備參加亞洲盃女子排球賽

45. 下列文句，何者沒有語病？
   (A) 寧可自己吃點小虧，不如佔人便宜
   (B) 除非你洗心革面，還能邁向新的人生
   (C) 與其讓你做些無意義的事，或者我親自解決較恰當
   (D) 儘管他對禮儀規範倒背如流，臨場表現還是頻頻失誤

46. 下文畫底線處，何者是明顯的贅詞？
   (A)當今現代的父母對孩子都保護得太過周全，導致年輕人(B)普遍缺乏抗壓能力，(C)一旦遭遇挫折，便倉惶(D)失措。

47. 閱讀下文，並推斷畫底線的詞語，何者使用錯誤？
   陳老師(甲)如晤：
   　　畢業至今，同學聊天的話題，仍(乙)不時圍繞著您打轉。您的(丙)音容宛在，思念之情，(丁)與日俱增。我們十幾個同學預定於教師節前往(戊)府上拜訪，不知是否合適？敬請
   教安
   　　　　　　　　　　　　　　　(己)受業
   　　　　　　　　　　　　　　　　　王曉明敬上
   (A) 甲、丙　　　(B) 乙、己　　　(C) 丁、戊　　　(D) 丙、己

▲ **48～49 為題組，閱讀下文，並回答 48～49 題**

(甲)這套 SARS 網路視訊系統，(乙)除了可透過網路攝影機傳遞即時畫面與聲音，窺視隔離病房內患者的狀況，(丙)醫護人員□可利用 PDA 結合無線上網的方式，(丁)在醫院各角落進行同步觀察隔離病房內的情形。

48. (丙)句□內不適合填入的語詞是：

    (A) 更   (B) 方   (C) 還   (D) 也

49. 下列關於甲、乙、丙、丁句的修改方式，何者最恰當？

    (A) 甲句改成「這套 SARS 所提供的網路視訊系統」

    (B) 乙句以「掌握」替代「窺視」，改成「掌握隔離病房內……」

    (C) 丙句加上「並且」，改成「醫護人員並且□可利用 PDA……」

    (D) 丁句改成「進行同步觀察隔離病房在醫院各角落內的情形」

50. 下列是一幅平面廣告，依據標題「買不如租，輕鬆享受醇美山居歲月」，文案中(A)、(B)、(C)、(D)四句話，何者與全文主旨不符？

    (A) 親近大自然，擁抱滿窗山嵐綠樹
    (B) 用台北 1／2 的價格，進駐黃金抗跌地段
    (C) 優質健康別墅，首創以租賃方式讓您入主
    (D) 不必擔心轉賣風險，告別資產貶值惡夢

94 學年度四技二專統一入學測驗
國文科試題

壹、綜合測驗

1. 下列選項「」內字的注音，何者正確？
   (A) 滿目「瘡」痍：ㄔㄤ
   (B) 奸「佞」小人：ㄨㄤˋ
   (C) 引「吭」高歌：ㄎㄤˋ
   (D) 跨過門「檻」：ㄎㄢˇ

2. 下列選項「」內的讀音，何者兩兩相同？
   (A) 文學造「詣」／「趾」高氣昂
   (B) 不容置「喙」／「啄」食米粒
   (C) 「俎」豆之事／「詛」咒謾罵
   (D) 草「菅」人命／「鰥」寡孤獨

3. 下列文句中的「焉」字，何者用來表達「疑問」的語氣？
   (A) 為機變之巧者，無所用恥「焉」
   (B) 上有好者，下必有甚「焉」者矣
   (C) 越國以鄙遠，君知其難也，「焉」用亡鄭以陪鄰
   (D) 古之聖人，其出人也遠矣，猶且從師而問「焉」

4. 下列選項「」內的字義，何者兩兩相同？
   (A) 失其所與，不「知」／「知」之為知之，不知為不知，是知也
   (B) 負者歌於途，行者「休」於樹／將崇極天之峻，永保無疆之「休」
   (C) 呂公女，「乃」呂后也／此人「乃」天下負心者也，銜之十年，今始獲
   (D) 信手把筆，隨意亂「書」／夫子房受「書」於圯上之老人也，其事甚怪

5. 下列詞語，何者不是源自傳統戲曲的特徵？
   (A) 生旦淨末
   (B) 插科打諢
   (C) 龍飛鳳舞
   (D) 粉墨登場

6. 閱讀下詩，並推斷「它」所指的對象是：
   它彎曲的手鉤住峭壁；緊鄰太陽於孤寂之地，青天環抱中，它挺立。紋皺的海在下匍匐蠕動；它在山垣上伺機欲攻，然後雷霆一般俯衝。
   (A) 樹
   (B) 鷹
   (C) 飛機
   (D) 隕石

7. **閱讀下文，並判斷選項的說明何者最為精確？**

我們與他人爭執，產生了雄辯；與自己爭執，則產生了詩。

(A) 詩是詩人自戀的表徵

(B) 雄辯容易使我們與他人發生爭執

(C) 詩可以探索詩人自我的矛盾與衝突

(D) 詩人喜歡鑽牛角尖，常和自己過不去

8. **閱讀下文，並推斷選項的說明何者正確？**

做窗簾的師傅把我好幾處櫃子和抽屜的把手都修好了，省下我到五金行去買全套新把手的錢。木匠師傅把破舊的後陽台門換上了新的，順便把櫥具的鍊也修好了，省下我十幾萬換新櫥具的錢。我不斷地對他們表示佩服，他們卻說：「你會寫文章就行啦！」

(A) 作者以善寫文章自豪　　　(B) 師傅認為尺有所短，寸有所長

(C) 作者勤儉持家，錙銖必較　(D) 師傅希望作者能愛惜資源，避免浪費

9. **閱讀下文，並推斷選項的說明何者正確？**

上堂啟阿母：「兒已薄祿相，幸復得此婦。結髮同枕席，黃泉共為友。共識三二年，始爾未為久。女行無偏斜，何意致不厚？」（〈孔雀東南飛〉）

(A) 兒子請求另娶新婦　　　　　(B) 兒子請母親勿為難媳婦

(C) 母親要兒子辭官養親　　　　(D) 母親要兒子與媳婦白首偕老

10. **閱讀下文，並推斷選項的說明何者錯誤？**

一個人沒有讀過的書永遠多於讀過的書。有些人略讀，作為精讀的妥協，許多大學者也不免如此。有些人只會略讀，因為他們沒有精讀的訓練或毅力；更有些人掠讀，只為了附庸風雅。（余光中〈開卷如開芝麻〉）

(A) 書本數量遠超過人的閱讀負荷

(B) 大學者不可以採用略讀的方式

(C) 一般人若採取略讀是可以諒解的

(D) 故作風雅而讀書是沽名釣譽的行為

11. 閱讀下文，並推斷下列何者描寫「弘一大師」的人格特質最為精確？

民初風流倜儻的藝術家李叔同，出家後成為眾人敬佩的弘一大師。他四處行腳，十分隨緣，世界上任何東西都好，但他的生活依然很嚴謹。所以，隨緣不是隨便，不是隨波逐流，更不必隨俗浮靡。 （宋雅姿〈隨緣〉）

(A) 四處行腳，唯唯諾諾　　　　(B) 風流倜儻，生活浮靡
(C) 隨波逐流，眾人敬佩　　　　(D) 隨緣嚴謹，自在自得

12. 下列選項的文句，何者最能顯出說話者有「先見之明」？

(A) 若白妞的好處，從沒有一個人能及他十分裡的一分的
(B) 你這麼大年紀兒，又這麼個好模樣兒，別是個神仙託生的罷
(C) 洒家在五台山智真長老處學得說因緣，便是鐵石人也勸得他轉
(D) 吾料曹操於重霧中，必不敢出。吾等只顧酌酒取樂，待霧散便回

13. 下列選項「」內的文句，何者沒有採用「故意曲解詞意，以製造諧趣效果」的修辭技巧？

(A) 工欲善其事，必先利其器，是「放諸四海而皆準」的道理
(B) 媽媽責備弟弟老是重蹈覆轍，一錯再錯。弟弟卻說自己是「知其不可而為之」
(C) 搭公車時，他總喜歡一馬當先地搶座位，還理直氣壯地說：「不患無位，患所以立」
(D) 苗條而結實的大姊，不欣賞時下纖瘦的台灣美眉，評論她們是「苗而不秀者，有矣夫；秀而不實者，有矣夫」

14. 「愛過，方知情重」，隱含時間順序的關係 —— 先愛過，於是才知情重。下列文句，何者沒有時間順序？

(A) 朝聞道，夕死可矣
(B) 光陰者，百代之過客也
(C) 十年寒窗無人問，一舉成名天下知
(D) 今日割五城，明日割十城，然後得一夕安寢

15. 下列選項，何者採用「以聲音凸顯景物視覺效果」的表現手法？
   (A) 小伙子們光閃閃的夾克，裹著各色牛仔褲
   (B) 他們驚慌的神色，似乎訴說著千萬般恐怖的故事
   (C) 街道上喊喊喳喳的日光，把往日的寂靜都沖散了
   (D) 野櫻依然搖擺細枝，落拓地讓葉子一片一片跌到土地上

16. 下列文句中的「蓋」字，何者做「名詞」用？
   (A) 有善始者實繁，能克終者「蓋」寡
   (B) 「蓋」文章，經國之大業，不朽之盛事
   (C) 風則襲裘，雨則御「蓋」，凡所以慮患之具，莫不備至
   (D) 苟或不然，人爭非之，以為鄙吝，故不隨俗靡者「蓋」鮮矣

17. 下列文句，何者屬於「已預設答案的疑問句」？
   (A) 來日綺窗前，寒梅著花未
   (B) 君家在何處，妾住在橫塘
   (C) 誰家吹笛畫樓中，斷續聲隨斷續風
   (D) 安能摧眉折腰事權貴，使我不得開心顏

18. 下列是一段中間被拆散的文章，請依文意選出甲、乙、丙、丁排列順序最恰當的選項。
   加入 WTO 之後，臺灣企業所面對的競爭比以前更為劇烈。
   甲、企業和個人可以各自依據本身需要，學習觀念、方法、技巧等，
   乙、上班族個人更得自我教育訓練，
   丙、企業固然要自我蛻變為學習企業，
   丁、提升競爭力的方法，就是學習、學習、再學習，
   而雙方也可以互補，達成更有效率的學習效果。
   (〈加入 WTO 後的新年計劃與期許 ── 學習、企業與上班族提升競爭力之道〉)
   (A) 甲乙丙丁　　(B) 乙丁丙甲　　(C) 丙乙甲丁　　(D) 丁丙乙甲

19. 下列文句中「而」字的前後，何者具有「因果關係」？
   (A) 逡巡「而」不敢進　　　　　(B) 藉寇兵「而」齎盜糧
   (C) 侶魚蝦「而」友麋鹿　　　　(D) 伯牙鼓琴「而」六馬仰秣

20. 下列何者是公文程式的最新變革？
    (A) 採用由左而右橫式書寫　　　　(B) 公文文字應加具標點符號
    (C) 得以電子文件傳送　　　　　　(D) 一律採用主旨、說明二段敘述

21. 為古籍設計新標題，可提高讀者的閱讀興趣。下列「」內的新標題，何
    者能與古籍的內容呼應？
    (A)「逍遙手冊」—《莊子》　　　(B)「帝國淪亡錄」—《楚辭》
    (C)「儒家的理想國」—《韓非子》 (D)「澤畔悲歌」—《山海經》

22. 如果你想觀察清朝割讓台灣以前，台灣文化發展的源流，下列何者是比
    較不恰當的去處？
    (A) 孔廟　　　(B) 媽祖廟　　　(C) 卑南文物館　　(D) 和式住宅

▲ 下文為摘錄自以宋代歷史為背景的小說，閱讀後回答 23 - 24 題。

朱貴勸說：「哥哥在上，莫怪小弟多言。山寨中糧食雖少，近村遠鎮可以去
借；山場水泊，木植廣有，便要蓋千間房屋卻也無妨。這位是柴大官人力
舉薦來的人，如何教他別處去？抑且柴大官人自來與山上有恩，日後得知
不納此人，須不好看。這位又是有本事的人，他必然來出氣力。」

23. 依據上文，推斷何者不是朱貴贊成柴大官人舉薦之人入寨的理由？
    (A) 此人性烈，不能得罪　　　　(B) 柴大官人有恩於山寨
    (C) 山寨地廣，尚能容人　　　　(D) 看好此人頗有本事

24. 依據上文，這部小說最可能是：
    (A)《三國演義》 (B)《水滸傳》　(C)《西遊記》　　(D)《儒林外史》

▲ 閱讀下文，回答 25 - 27 題。

「石」字的「ノ」畫的是山崖，「⌴」是石頭的形狀，因此，依造字法
則應屬於六書中的　甲　。傳說　乙　煉五色石以補蒼天，惟剩下頑石一
塊，棄於青埂峰下。此石既無才補天，於是幻形入世，成為小說　丙　中
膾炙人口的主角人物。

25. 　甲　處最恰當的選項是：
    (A) 象形　　　(B) 指事　　　(C) 會意　　　(D) 形聲

26. __乙__ 處最恰當的選項是：
    (A) 女媧　　　　(B) 黃帝　　　　(C) 蚩尤　　　　(D) 神農

27. __丙__ 處最恰當的選項是：
    (A)《紅樓夢》　(B)《水滸傳》　(C)《西遊記》　(D)《聊齋誌異》

貳、閱讀能力測驗

▲ 閱讀下文，回答 28 - 29 題

　　根據資料顯示，在 1760 至 1960 年工業革命最初的兩個世紀期間，大氣層中二氧化碳含量增加 14.4 ％，但是隨著全世界礦物燃料消費量的增加，大氣層中二氧化碳含量在 1960 至 2001 年期間又增加了 17 ％。氣溫上升帶來更強烈的熱浪、更嚴重的旱災、冰層溶解、更具破壞性的暴風雨和水災、以及海平面上升等無數自然界的改變。這些改變又將影響到糧食安全、低窪地區的可居住性、乃至各地生態系統中的物種組成。(〈全球氣溫上升，問題叢生〉)

28. 依據上文，大氣層中二氧化碳含量產生怎樣的變化？
    (A) 近四十年急遽增加　　　　　(B) 逐年穩定增加
    (C) 近期已經獲得控制　　　　　(D) 工業革命初期增加最多

29. 依據上文，下列選項，何者不是氣溫上升後改變的現象？
    (A) 小島可能因海水上升而淹沒
    (B) 全世界礦物燃料消費量下降
    (C) 旱災嚴重而使得作物收成量減少
    (D) 生態平衡受到破壞而影響物種組成

▲ 閱讀下文，回答 30 - 31 題

　　愛因斯坦居然保不住他的腦袋，這真是令人意外的奇聞！

　　愛因斯坦生前曾表示：過世後遺體要火化，並將骨灰拋灑到秘密所在。不料為他進行遺體解剖的哈維醫生，竟私自摘除他的腦子並據為己有。哈維醫生的行為雖然可恥，卻為科學家及社會所「諒解」，原因很簡單：奉科學之名！

　　時至今日，你不一定要擁有如愛因斯坦般的腦袋，才會引起醫生和商

人的注意。《出賣愛因斯坦》這本書為了告訴讀者這個「好消息」，列舉許多例子說明，奉科學之名，你的血液、頭髮、唾液、精子等都有人想收購，甚至不必事前徵得你的同意，就把你的寶貝偷走，事後也不給你合理的報酬。

生物科技越發達，人體的商機越多。或許《出賣愛因斯坦》的主要目的在於揭發真相，所以只在尾聲略談：應透過立法來防止未經當事人許可的器官販賣。中共默許販賣死囚器官的行為，舉世譴責；但治療過程中竊取身體髮膚的黑手，未來確實可能無所不入，如何未雨綢繆，還待有心人共同努力。(改寫自張系國〈愛因斯坦的腦袋〉)

30. 依據上文，下列敘述，何者正確？
(A) 哈維不願將愛因斯坦的大腦據為己有
(B)《出賣愛因斯坦》一書，旨在揭露哈維的醜聞
(C) 科學家諒解哈維，是因為他的行為對科學研究很有幫助
(D)《出賣愛因斯坦》一書，強調應立法保護愛因斯坦的大腦組織

31. 依據上文，何者最接近本文作者的想法？
(A) 期待早日立法，解決科技與人文的衝突
(B) 主張透過立法，促成器官移植的自由化
(C) 基於科學研究需要，容許私自摘取人體器官
(D) 生物科技越發達，人體的商機越多，是利多好消息

▲ 閱讀下文，回答 32 - 33 題

娘，當我援筆為文論人間事，我只想到，我是你的兒，滿腔是溫柔激盪的愛人世的癡情。而此刻，當我納頭而拜，我是我父之子，來將十八年的虛疲無奈併作驚天動地的一叩首。

且將我的額血留在塔前，作一朵長紅的桃花，笑傲朝霞夕照，且將那崩然有聲的頭顱擊打大地的聲音化作永恆的暮鼓，留給法海聽，留給一駭而傾的塔聽。

人間永遠有秦火焚不盡的詩書，法缽罩不住的柔情，娘，唯將今夕的一凝目，抵十八年數不盡骨中的酸楚，血中的辣辛，娘。(張曉風〈許士林的獨白〉)

32. 依據上文，該內容的構思來自哪一則民間故事？
    (A) 白蛇與許仙　　　　　　　(B) 西施與范蠡
    (C) 桃花女鬥周公　　　　　　(D) 梁山伯與祝英台

33. 文中主角的「獨白」主題為何？
    (A) 表達飄泊異鄉的痛楚與虧疚
    (B) 訴說人間真情的永恆與力量
    (C) 感念母親為挽救蒼生所做的犧牲
    (D) 向母親哭訴十八年來不見容於父親的心酸

▲ 閱讀下文，回答 34 - 35 題

　　子曰：「篤信好學，守死善道，危邦不入，亂邦不居。天下有道則見，無道則隱。邦有道，貧且賤焉，恥也；邦無道，富且貴焉，恥也。」（《論語‧泰伯》）

34. 「篤信好學，守死善道」的意義不包括下列何者？
    (A) 能言善道　　(B) 相信真理　　(C) 增長智慧　　(D) 終身奉行

35. 依據上文，職場新鮮人選擇就業環境時，最應針對哪個因素慎重考慮？
    (A) 薪資待遇高低　　　　　　(B) 公司規模大小
    (C) 經營團隊優劣　　　　　　(D) 進修機會多寡

▲ 閱讀下文，回答 36 - 38 題

　　祿山在上前，應對敏給，雜以諧謔，上嘗戲指其腹曰：「此胡腹中何所有？其大乃爾！」對曰：「更無餘物，正有赤心耳！」上悅。又嘗命見太子，祿山不拜。左右趣（趣，促也）之拜，祿山拱立曰：「臣胡人，不習朝儀，不知太子者何官？」上曰：「此儲君也，朕千秋萬歲後，代朕君汝者也。」祿山曰：「臣愚，嚮者惟知有陛下一人，不知乃更有儲君。」不得已，然後拜。上以為信然，益愛之。（《資治通鑑‧唐紀三十一》）

36. 依據上文，安祿山見太子而不拜的原因是：
    (A) 與太子有夙怨　　　　　　(B) 對朝廷禮儀不熟悉
    (C) 製造機會諂媚皇帝　　　　(D) 生性愚魯，不知輕重

37. 玄宗「益愛之」，是因爲他認爲安祿山爲人如何？

    (A) 不拘守朝廷禮儀   (B) 只願效忠玄宗一人

    (C) 勇於承認自己的過失   (D) 正義凜然，威武不屈

38. 下列關於「代朕君汝者也」與「不知乃更有儲君」句中兩個「君」字的敘述，何者正確？

    (A) 兩者皆爲名詞   (B) 兩者皆爲動詞

    (C) 前者爲名詞，後者爲動詞   (D) 前者爲動詞，後者爲名詞

參、語文表達能力測驗

39. 閱讀下文，並依序爲甲、乙、丙、丁處選擇恰當的標點符號。

想要體驗不同於台灣民宿的渡假風情，請到馬祖（甲）那裡沒有台灣流行的歐式木屋，但亂石砌的石頭房子，卻簡單整潔。每個小小的窗子（乙）都是一個海天孤島或聚落風景的相框（丙）屋外則有潮音（丁）星子與海風相伴。選擇到北竿、南竿二島渡假，遊趣大不相同。

    (A) ！／；／。／──   (B) ，／：／。／、

    (C) ！／，／，／、   (D) ，／，／，／。

40. 下列選項，何者有錯別字？

    (A) 三顧茅廬   (B) 滄海一栗   (C) 負荊請罪   (D) 藕斷絲連

41. 下列文句「」內的字形，何者兩兩相同？

    (A) 我們要以「ㄓㄢˇ」新的心情，迎接「ㄓㄢˇ」翅高飛的新生活

    (B) 如果機器人可以幫「ㄩㄥ」做家事，那麼生活要怎樣才能不「ㄩㄥ」俗呢

    (C) 最近電子股漲「ㄈㄨˊ」驚人，預期下半年電子股必定「ㄈㄨˊ」氣多多

    (D) 無心之過雖然罪不及「ㄓㄨ」，但是知識分子的口「ㄓㄨ」筆伐絕對是必要的

42. 閱讀下文，並依序推斷□內的字形，何者正確？

台灣諺語「鴨仔聽雷」，正確的說法應是「啞子聽雷」，因為啞者多兼有
耳聾，聽不到聲音，對雷鳴自然沒有□□。這句俗語可用來比喻溝通困
難，有言者諄諄、聽者□□之意。

　(A) 反映、渺渺　(B) 反映、藐藐　(C) 反應、渺渺　(D) 反應、藐藐

43. 下列文句「」內的詞語，何者使用正確？

　(A) 有關單位與社會大眾必須「直視」治安的惡化，共謀改善

　(B) 經過師長不厭其煩的「關說」，他終於回心轉意，重新開始

　(C) 陳曉銘在同學的反覆「教唆」之後，決定參加今年度的田徑錦標賽

　(D) 上課不認真聽講，課後卻花大量時間補習，這「無異」於捨本逐末

44. 下列文句所引用的詩句，何者使用恰當？

　(A) 人生就是要放寬胸懷，看淡得失，「莫聽穿林打葉聲，何妨吟嘯且
　　　徐行」才能自在過日

　(B) 真是冤家路窄，正當「山重水複疑無路」時，卻「柳暗花明又一村」，
　　　碰上了死對頭

　(C) 有道是「近水樓臺先得月，向陽花木易為春」，所以我們要立志向
　　　上，大處著眼，小處著手

　(D) 他被解雇之後走投無路；「揀盡寒枝不肯棲，寂寞沙洲冷」，寧可餓
　　　肚子，也不願打雜做小工

45. 下列選項「」內的詞語，何者恰當？

　(A) 幸虧老張「寬宏大量」，否則真經不起喪偶的打擊

　(B) 在緊要關頭時，她竟然「臨危不亂」，將球誤傳給對手

　(C) 他利慾薰心，監守自盜，如今身陷囹圄，真是「咎由自取」

　(D) 小明程度中等，父親卻讓他學習高難度的課程，真是「為虎作倀」

46. 下列文句，何者沒有語病？

　(A) 颱風正緩緩地向東北方快速移動

　(B) 大水淹到一樓，很多家具都付之一炬

　(C) 現代人要培養多元能力，才能應付各種挑戰

　(D) 媒體哀悼阿湯哥與妮可基嫚夫婦分居的事件

47. 下文若要針對兩項敘述主題，依序在句首加上「不僅」和「並且」兩個
   詞語做為連結，則應加於何處？

   五月中旬剛上市的 MIT 1.6， 甲 憑著新穎的設計， 乙 銷售量未受經
   濟不景氣所影響，躍居五月份同級車銷售之冠， 丙 獲得專業汽車雜誌
   對其性能的肯定， 丁 將其評選為年度最佳房車。

   (A) 甲／乙　　　(B) 甲／丁　　　(C) 乙／丙　　　(D) 乙／丁

▲ 閱讀下文，回答 48 - 50 題

昨天收到外婆從鄉下送來的一盒醃桃子，我
拿起一個，甜甜的吃了起來，不禁讓我想起小時
候在外婆家果園玩耍的日子。

　　那兒栽種的桃樹數目繁多，（甲）樹與樹交疊
著，讓外婆家圍起了厚厚的樹牆。園中還有少見
的天桃果，這是一種四季（乙）不落葉也不變色
的植物，（丙）春天一來它就開花，到了夏天便結
出果子，看上去（丁）只見樹上的果子粉亮閃爍。

　　不管哪一種果子，都有甜中帶酸的好滋味；
每到採果季節，我最喜歡纏著外婆，（戊）像麻雀
一樣的吵個不停，要和她同去果園。受傷或賣相
不佳的果子，便成了我的戰利品，不一會兒，已
塞滿兩口袋，然後等待收工後歡天喜地的回家。

　　現在我已離開鄉下上小學了，吃著脆脆的桃
兒，深深懷念那一段無憂的童年歲月。

別擔心，這一點也不難嘛！

老師在畫底線處加註了修改意見：

（甲）改為擬人法　　（乙）改為兩個字　　（丙）改寫為對偶句
（丁）請從果子數量上做誇飾形容　　　　　（戊）請加入擬聲詞

48. 依據老師的建議，下列修改何者不正確？
(A) 甲處改為「樹與樹挽著手臂」
(B) 乙處用「常綠」二字代替
(C) 丙處改為「春天開花，夏季結果」
(D) 丁處改為「樹上的果子百媚千嬌」

49. 對於「戊」處，哆啦A夢最不可能教大雄填入何種擬聲詞？
(A) 吱吱喳喳　　(B) 咿咿呀呀　　(C) 嘰嘰呱呱　　(D) 啾啾喞喞

50. 如果你是大雄的老師，除了修改建議之外，還會給這篇作文什麼評語？
(A) 缺乏主題　　(B) 首尾呼應　　(C) 善用映襯　　(D) 平淡乏味

主要參考書目

(1)本書目只包括各章「正文」及「附註」曾徵引的書籍與論文。

(2)本書目按「書籍」、「單篇論文」、「學位論文」彙集，「書籍」
依類排列，「單篇論文」和「學位論文」不另分類。

(3)中文書目依著、編者姓氏之筆畫多寡排列；英文書目依著、
編者姓氏之字母次序排列。

一、書籍

（一）教育測驗

Richard E. Mayer 著，林清山譯，《教育心理學：認知取向》，
台北：遠流出版公司，1991 年。

王文中、呂金燮、吳毓瑩、張郁雯、張淑慧，《教育測驗與評
量：教室學習觀點》，台北：五南圖書公司，2005 年。

王孝玲，《教育測量》，上海：華東師範大學出版社，2002 年。

余民寧，《教育測驗與評量——成就測驗與教學評量》，台北：
心理出版社，2004 年。

郭生玉，《心理與教育測驗》，台北：精華書局，1995 年。

陳英豪、吳裕益，《測驗與評量》，高雄：復文圖書出版社，1995
年。

廖平勝，《考試學原理》，武昌：華中師範大學出版社，2002
年。

（二）語文測驗

Alderson, J. Charles, Clapham , Caroline, & Wall, Dianne，楊惠中導讀，*Language Test Construction and Evaluation*（語言測試的設計與評估），北京：外語教學與研究出版社，2000年。

Bachman, Lyle F.，*Fundamental Considerations in Language Testing*（語言測試要略），上海：上海外語教育出版社，2004年。

Hawthorn, Jeremy ，*A Concise Glossary of Contemporary Literary Theory*。New York: Edward Arnold, 1992年。

Henning, Grant，楊慧中導讀，*A Guide Language Testing：Development, Evaluation and Research*（語言測試指南：發展、評估與研究），北京：外語教學與研究出版社，2003年。

Wood , Robert，邵永真導讀，*Assessment and Testing：A Survey of Research*（評估與測試：研究綜述），北京：外語教學與研究出版社，2001年。

李學銘主編，《教學與測試：語文學習成效的評量》，香港：商務印書館，2002年。

李學銘主編，《語文測試的理論與實踐》，香港：商務印書館，2001年。

施仲謀，《中國內地、台灣、香港、澳門語文能力測試與比較》，北京：語文出版社，1996年。

柯華葳編著，《華語文能力測驗編製──研究與實務》，台北：遠流出版社，2004年。

張莉萍編著，《華語文能力測驗理論與實務》，台北：師大書苑，2002年。

張凱，《語言測驗理論與實踐》，北京：北京語言文化大學出版

社，2002 年。

陳滿銘主編，《大學入學考試國文科試題分析——87~91》，台
　北：萬卷樓圖書公司，2003 年。

章熊，《中國當代寫作與閱讀測試》，成都：四川教育出版社，
　2000 年。

劉潤清、韓寶成《語言測試和它的方法》，北京：外語教學與
　研究出版社，2004 年。

劉鐮力主編，《漢語水平測試研究》，北京：北京語言文化大學
　出版社，1998 年。

鄭圓鈴，《你也是創意命題高手》，台北：萬卷樓圖書公司，2002
　年。

鄭圓鈴，《高職國語文標準化成就測驗的編製》，台北：心理出
　版社，2004 年。

（三）文學暨語言學

王夢鷗、許國衡譯，《文學論》，台北：志文出版社，1990 年。

古添洪，《記號詩學》，台北：東大圖書公司，1984 年。

全國外語院系「語法與修辭」編寫組，《語法與修辭》，南寧：
　廣西教育出版社，2002 年。

岑運強主編，《語言學概論》，北京：中國人民大學出版社，2003
　年。

李宇明，《理論語言學教程》，武昌：華中師範大學出版社，2004
　年。

季旭昇，《說文新證》，台北：藝文印書館，2004 年。

殷鼎，《理解的命運》，台北：東大圖書公司，1990 年。

常敬宇，《漢語詞彙與文化》，北京：北京大學出版社，2000

年。

趙金銘主編，《對外漢語教學概論》，北京：商務印書館，2004
　　年。

齊瀘揚、陳昌來主編，《應用語言學綱要》，上海：復旦大學出
　　版社，2004 年。

劉珣，《對外漢語教學引論》，北京：北京語言文化大學出版社，
　　2002 年。

劉勰著，王更生注譯，《文心雕龍讀本》，台北：文史哲出版社，
　　1988 年。

戴昭銘，《文化語言學導論》，北京：語文出版社，1996 年。

（四）其他

大學入學考試中心編，《認識指定科目考試》——國英數篇》，
　　台北：大學入學考試中心，2001 年。

大學入學考試中心編，《認識學科能力測驗 7 》，台北：大學入
　　學考試中心，2001 年。

林美清、陳芳汶、游適宏、潘莉瑩、曾佩芬，《新課程架構下
　　教材與試題分析工作計畫——國文科子計畫》，台北：大
　　學入學考試中心，2001 年。

國立台灣工業技術學院，《成長與茁壯：國立台灣工業技術學
　　院建校二十週年專輯》，1994 年。

教育部工業類課程發展中心編，《工業職業學校資訊科課程標
　　準暨設備標準》，台北：教育部發行，教育部員工消費合
　　作社經銷，1998 年。

教育部中等教育司編，《高級工業職業學校課程標準》，台北：
　　正中書局，1965 年。

教育部技術及職業教育司編，《高級工業職業學校課程標準》，
　　台北：正中書局，1974 年。

教育部技術及職業教育司編，《工業職業學校工藝群課程標準
　　暨設備標準》，台北：正中書局，1986 年。

陳海燕、郭慶祥主編，《高考寶典——語文》，北京：中國少年
　　兒童出版社，2001 年。

曾佩芬，《九十二學年度學科能力測驗試題分析——國文考
　　科》，台北：大學入學考試中心，2003 年。

潘莉瑩，《九十二學年度指定科目考試試題分析——國文考
　　科》，台北：大學入學考試中心，2003 年。

鄭文惠、林美清、龍亞珍、傅學海、管美蓉、游適宏、鄺采芸，
　　《指定科目考試規畫研究（五）——國文考科》，台北：
　　大學入學考試中心，2001 年。

二、單篇論文

余聞，〈2004 年高考語文（全國）試題分析〉，《語文月刊》2004
　　年 7-8 期合刊。

吳裕益，〈傳統題目分析方法〉，《題庫專輯》，台南：台南師範
　　學院測驗發展中心，1991 年。

李正源，〈試題品質的決定——測驗與量表的試題分析實務〉，
　　《中等教育》47 卷 4 期，1996 年 8 月。

李坤崇，〈修訂 Bloom 認知分類及命題實例〉，《教育研究月刊》
　　122 期，2004 年 6 月。

李坤崇，〈能力指標轉化教學、評量的理念與實例〉，《教育研
　　究月刊》126 期，2004 年 10 月。

李威熊，〈台灣地區現行高職國文教科書之檢討與改進芻議〉，

台灣師範大學國文學系編，《兩岸暨港新中小學國語文教學國際研討會論文集》，台北：台灣師範大學國文學系，1995 年。

李新霖，〈九十二年四技二專統測國文試題特色說明〉，《國文天地》第 19 卷 1 期，2003 年 6 月。

林寶貴、楊慧敏、許秀英，〈中華國語文能力測驗之編製及相關因素之研究〉，《特殊教育研究學刊》12 期，1995 年 6 月。

林繼生，〈活潑與媚俗，傳統與古板之間——八十七學年度大學入學考試學科能力測驗國文科試題分析〉，陳滿銘主編，《大學入學考試國文科試題分析——87~91》，台北：萬卷樓圖書公司，2003 年。

林繼生，〈理想與現實之間——台北區高中聯招國文科試題分析〉，《國文天地》14 卷 4 期，1998 年 9 月。

林繼生，〈顛覆與傳統之間——八十七年度大學聯考國文試題分析〉，《國文天地》14 卷 4 期，1998 年 9 月。

柯華葳、張郁雯，〈華語文能力測驗編製報告〉，《測驗年刊》46 卷 2 期，1999 年 7 月。

柯華葳，〈華語文能力測驗編製初探——以現有的測驗為例〉，《華文世界》75 期，1995 年 3 月。

柯華葳、宋如瑜、張郁雯，〈僑生國語聽與讀理解能力測驗編製報告〉，《華語文教學研究》1 卷 1 期，2004 年 6 月。

洪碧霞，〈傳統測驗理論信度的意義、類型與求法〉，《題庫專輯》，台南：台南師範學院測驗發展中心，1991 年。

崔頌人，〈試論「語言能力」的定義和實質〉，《華文世界》74 期，1994 年 12 月。

張郁雯、柯華葳、李俊仁，〈華語文能力測驗試題編製的相關

研究〉,《華文世界》85 期,1997 年 9 月。

張郁雯等,〈華語文能力測驗編製研究工作報告〉,《華文世界》
　　85 期,1997 年 9 月。

張素靜,〈九十二學年度四技二專統一入學測驗國文科試題評
　　析〉,《國文天地》第 19 卷 1 期,2003 年 6 月。

張德鑫,〈談語言能力及能力測試〉,《語言文字應用》1997 年
　　4 期。

陳美蘭,〈從二技入學測驗國文考科的試題變革談專科國文教
　　學的調整〉,《國文天地》第 19 卷 1 期,2003 年 6 月。

陳惠齡,〈請端出一盤看得見「牛肉」的佳餚——談大學聯招
　　國文科試題的淺俗化〉,《國文天地》14 卷 4 期,1998 年
　　9 月。

陳滿銘,〈今年大學聯招國文科試題試析〉,《國文天地》14 卷
　　4 期,1998 年 9 月。

陳滿銘,〈國文科測驗題命題的一般原則——以大學考試為
　　例〉,《國文天地》12 卷 11 期,1997 年 4 月。

陳慧英,〈近六年來日大國文試題評析〉,《國文天地》11 卷 6
　　期,1995 年 11 月。

陳慧英,〈活潑有機趣,創意留斧痕——九十年推甄國文試題
　　評議〉,陳滿銘主編,《大學入學考試國文科試題分析——
　　87~91》,台北:萬卷樓圖書公司,2003 年。

陳慧英,〈淺論今年大學聯考國文科試題〉,《國文天地》14 卷
　　4 期,1998 年 9 月。

曾士良,〈台灣省高中聯招國文科試題分析〉,《國文天地》14
　　卷 4 期,1998 年 9 月。

曾慧敏,〈從語文能力測驗發展談國家考試國文科評量之改
　　進〉,《考銓》35 期,2003 年 7 月。

游適宏，〈九十一年四技二專統一入學測驗國文科試題評析〉，
　　《國文天地》第 18 卷 6 期，2002 年 11 月。

游適宏，〈九十三年四技二專統一入學測驗國文科試題評析〉，
　　《國文天地》第 20 卷 3 期，2004 年 8 月。

游適宏，〈技專統測語文表達能力測驗淺析〉，《國文天地》第
　　19 卷 1 期，2003 年 6 月。

黃秀霜、吳宜貞〈中文年級認字量表之 IRT 分析〉，中國測驗
　　學會主編，《新世紀測驗學術發展趨勢》，台北：心理出
　　版社，1999 年。

葉連祺、林淑萍，〈布魯姆認知領域教育目標分類修訂版之探
　　討〉，《教育研究月刊》105 期，2003 年 1 月。

管美蓉，〈90 年代以後國文試題所反映的現象〉，《文訊》226
　　期，2004 年 8 月。

鄭圓鈴，〈Bloom2001 年版在國語文標準化成就測驗質化分析
　　上的應用〉，《人文社會學報》（台灣科技大學）第 1 期，
　　2005 年 3 月。

鄭圓鈴，〈九十三年大學指考國文科試題分析〉，《國文天地》
　　20 卷 3 期，2004 年 8 月。

鄭圓鈴，〈二技統一入學測驗國文科試題分析〉，《國文天地》
　　第 19 卷 1 期，2003 年 6 月。

賴哲信，〈借推甄試題，畫教育願景——給大考中心等出題單
　　位進一言〉，陳滿銘主編，《大學入學考試國文科試題分
　　析——87~91》，台北：萬卷樓圖書公司，2003 年。

戴曼純，〈語言學研究中「語言能力」的界定問題〉，《語言教
　　學與研究》1997 年 2 期。

鍾榮富、洪敏雄、林秀春，〈華語文能力測驗編製——語法結
　　構的考慮〉，《華文世界》85 期，1997 年 9 月。

簡茂發，〈2001 年修訂 Bloom's 認知領域：教育目標分類體系評述〉，《選才（大學入學考試中心通訊）》125 期，2005年1月。

簡茂發，〈試題分析的方法〉，簡茂發，《心理測驗與統計方法》，台北：心理出版社，1995 年。

三、學位論文

方慧君，《知識結構診斷分析──以四技二專入學考試數學科為例》，雲林科技大學資訊管理系碩士論文，2003 年。

王慧娟，《台灣大學生英語文化能力測驗發展之研究》，雲林科技大學應用外語系碩士論文，2003 年。

余怡，《四技二專休閒餐旅相關科系入學考試之研究》，朝陽科技大學休閒事業管理系碩士論文，2002 年。

李宜勳，《「高職免試登記入學方案」國文科「新式題型」與「傳統題型」之比較》，台中師範學院教育測驗統計研究所碩士論文，2001 年。

周正一，《大學聯考英文科翻譯試題之研究：1979~1994》，輔仁大學翻譯學研究所碩士論文，1996 年。

張廷仰，《試題反應理論數量分析程序之研究──以「九十學年度四技二專統一入學測驗」護理類數學科為例》，台中師範學院教育測驗統計研究所碩士論文，2002 年。

許家吉，《國小語文能力發展測驗編製及對特殊教育學生應用之研究》，彰化師範大學特殊教育研究所博士論文，2002年。

陳筱菁，《以布魯姆認知分類修正版為基礎之計算機概論試題分析》，台灣師範大學資訊教育研究所碩士論文，2004

年。

陸蕙萍，《四技二專聯招商業設計相關科系入學考試之研究——以 80-86 學年度日間部專業科目試題爲例》，雲林科技大學視覺傳達設計學研究所碩士論文，1998 年。

游惠玲，《國中基本學力測驗英語科試題分析》，雲林科技大學應用外語系碩士論文，2004 年。

黃詩琦，《國中基本學力測驗對英語教學的影響》，雲林科技大學應用外語系碩士論文，2004 年。

黃韻如，《臺海兩岸大學入學考試國文科作文試題之比較研究》，暨南國際大學比較教育學系碩士論文，2005 年。

楊明宗，《數學試題分析模式的建制——以「九十學年度四技二專入學測驗」商業類「數學科」試題爲例》，台中師範學院教育測驗統計研究所碩士論文，2002 年。

廖明珠，《高職學生及高職英文教師對四技二專英文科試題變革之看法》，台灣師範大學英語研究所碩士論文，2002 年。

盧珍予，《台灣學科能力英文閱讀測驗之評析及其教學啓示》，政治大學英語教學碩士在職專班碩士論文，2002 年。

盧惠瑛，《四技二專共同科英文考科綜合測驗與閱讀測驗之研究》，雲林科技大學應用外語系碩士論文，2003 年。

錡寶香，《聽覺障礙學生國語文能力測驗之編製及其相關研究》，彰化師範大學特殊教育研究所碩士論文，1989 年。

顧介梅，《數學科試題檢核分析法之研究——以九十學年度四技二專工業類數學科試題爲例》，台中師範學院數學教育學系碩士論文，2002 年。

國家圖書館出版品預行編目資料

四技二專統一入學測驗國文科試題研究：2001—
2005／游適宏著. -- 初版. -- 臺北市：萬卷樓,
2005[民 94]
　　　面；　　　公分
　ISBN 957－739－536－8 (平裝)
　1. 中國語言－教育
　802.03　　　　　　　　　94014970

四技二專統一入學測驗國文科試題研究：
2001-2005

編　　著：游適宏

發　行　人：許素真

出　版　者：萬卷樓圖書股份有限公司

　　　　　　臺北市羅斯福路二段 41 號 6 樓之 3

　　　　　　電話(02)23216565・23952992

　　　　　　傳真(02)23944113

　　　　　　劃撥帳號 15624015

出版登記證：新聞局局版臺業字第 5655 號

網　　址：http://www.wanjuan.com.tw

E－mail ：wanjuan@tpts5.seed.net.tw

承印廠商：晟齊實業有限公司

定　　價：300 元

出 版 日 期：2005 年 8 月初版